The Aims of Education

教育的目的

[英]艾尔弗雷德·诺思·怀特海 著
杨彦捷 译

海峡出版发行集团 | 福建人民出版社
THE STRAITS PUBLISHING & DISTRIBUTING GROUP | FUJIAN PEOPLE'S PUBLISHING HOUSE

图书在版编目（CIP）数据

教育的目的/（英）艾尔弗雷德·诺思·怀特海著；杨彦捷译. --福州：福建人民出版社，2018. 3（2020. 1 重印）

ISBN 978-7-211-07871-4

Ⅰ. ①教… Ⅱ. ①艾… ②杨… Ⅲ. ①教育目的一文集 Ⅳ. ①G40－011

中国版本图书馆 CIP 数据核字（2017）第 308633 号

教育的目的

JIAOYU DE MUDI

作　　者：［英］艾尔弗雷德·诺思·怀特海
译　　者：杨彦捷
责任编辑：谢云英　李冰洁
出版发行：福建人民出版社　　**电　　话：**0591-87533169(发行部)
网　　址：http://www.fjpph.com　　**电子邮箱：**fjpph7211@126.com
地　　址：福州市东水路 76 号　　**邮政编码：**350001
经　　销：福建新华发行（集团）有限责任公司
印　　刷：福州万达印刷有限公司
地　　址：福州市仓山区金山大道 618 号橘园洲工业园 19 号楼
开　　本：700 毫米×1000 毫米　1/16
印　　张：6.75
字　　数：77 千字
版　　次：2018 年 3 月第 1 版　　2020 年 1 月第 2 次印刷
书　　号：ISBN 978-7-211-07871-4
定　　价：28.00 元

本书如有印装质量问题，影响阅读，请直接向承印厂调换。

前　言

本书的核心论题是与智力发展有关的教育。各章内容将紧紧围绕着一条主线展开，并将从不同的角度进行阐释。简单说来，这条主线即学生是活生生的人，教育的目标应该是激发并引导他们的自我发展。基于此，我们可以推知，教师也应当具有开放而活跃的思想。本书是对僵化的知识与呆板的思想的坚决反抗。本书所展示的七章内容是我在不同的教育团体和科学协会所组织的会议上做的演讲。它们是我实践经验的成果，是我对教育现实的思考，也是我依据内容对相应主题的价值批判。

书中援引的例子主要参照英国的教育体系。当然，英国教育体系与美国差异悬殊，但引用的内容可作论据，因为总体的论点和原则既适用于英国，也适用于美国。

艾尔弗雷德·诺思·怀特海

哈佛大学　1929 年 1 月

目　录

第一章　教育的目的

文化是思维的活动，是对美和人文情怀的兼容并包。零零散散的信息或知识与文化没有半点关系。一个人，如果仅仅只是掌握了大量零散的知识，那么他在上帝的国度里仍然是最无用、最无趣的。所以，我们应该致力于培养既有文化修养，又精通某领域专业知识的人。专业知识能够为他们提供立足的平台，文化修养则能引领他们迈向深邃的哲学、高雅的艺术。另外，我们也应该谨记：自我发展是最宝贵的智力发展方式，它的黄金时期往往只出现在16岁到30岁之间。而且，人们在12岁之前，从母亲那里获得的教养才是最重要的。坦普尔大主教①曾经说过的一句格言可以很好地说明我的观点。某人少年时在拉格比公学②毫不出众，成年后却取得了巨大的成就，人们对此感到惊讶。坦普尔大主教解释道："18岁时的情形不足以论定终身，重要的是他们在那之后的成长。"

在训练孩子的思维活动时，必须要警惕我所说的"呆板的知识"，即未曾实际运用、未经检验、未与其他知识融会贯通就被大脑吸收的知识。

在教育史上，令人印象最深刻的现象就是学校教育在某个时期

---

① 坦普尔大主教（Archbishop Temple，1821年～1902年）：英国大主教，教育家，思想家，曾任拉格比公学校长。——译者注

② 拉格比公学（Rugby School）：位于英格兰中部沃里克郡拉格比镇上的一所男女兼收的寄宿学校，也是英格兰最古老的学府之一。因其为橄榄球运动的发源地而闻名于世。——译者注

异常活跃，人才辈出，但那之后便会流于陈腐，墨守成规。原因就在于教育中充斥了过多呆板的知识。而教育如果陷入呆板，那就不仅仅是毫无裨益的，甚至是有害的——最大的悲哀莫过于侵蚀了美好的事物！除了那些人才涌现的短暂时期之外，一直以来，教育已经彻底被呆板的知识浸染。正因如此，一些未受过教育的聪明女性，只要见多识广，到中年时就会成为群体中最有文化修养的人。她们幸运地从呆板知识的禁锢中逃了出来。可以说，任何一次因重视人文情怀而获得伟大成就的知识革命，都是对呆板知识的激烈反抗。但接下来，大事不妙，一旦人的心理遭到可悲的忽视，这类革命就会被教育的诡计控制，教育再度用呆板的知识来束缚人文情怀。

那么，让我们来谈谈如何才能在现有的教育体制中抵抗这种思想上的僵化。这就可以宣布以下两条戒律了："不要同时教授过多的学科"；"如果要教，一定要教得彻底、完全"。

如果教授诸多学科，而且只授之皮毛，那么结果就是学生只能被动地接受割裂、孤立的知识，不会产生半点思想的火花。所以，教育儿童时，最好只给他们有限的、真正重要的概念，最好让他们对所学的东西进行自由的想象和组合。儿童会自己掌握这些知识，也会理解它们在现实生活中的运用。另外，从接受教育的第一步开始，儿童就应该有机会体验发现的乐趣。他们应该发现，总括性的概念有助于理解生活中汩汩涌现的纷繁事件，有助于理解生活本身。这里的"理解"包含了逻辑上的分析，但绝不仅限于此。我更愿意用一句法国格言来阐释所谓的"理解"——"理解一切，亦即宽恕一切。"学究们藐视具有实用性的教育，但教育是有用的。教育难道不是有用的吗？难道接受的教育只是束之高阁的才能而已吗？当然不！无论你的生活目标是什么，教育理当是有用的。教育对圣·奥古斯丁有用，对拿破仑也有用。教育是有用的，因为去理解这个世界是有用的。

在这里，我可能会稍微忽略文学意义上教育应该提供的那种理解。同时，我并不奢望自己能够断言一种古典的课程与一种现代的课程孰优孰劣。我只愿强调，我们需要的理解，是对当下、对现今的理解。过去的知识，唯一的价值就在于帮助我们应付现在的生活。对于年轻人来说，贬损当下所造成的危害是最致命的。“当下”蕴含了所有的一切，它是一片神圣的领地，它既联系过去，又包含未来。同时，我们还要注意，两千年前的某个时代并不比两百年前的时代更久远，过去就是过去。不要被所谓的“历史年代”蒙蔽：莎士比亚①或莫里哀②的时代与索福克勒斯③或维吉尔④的时代同样古老。与先贤圣人的交流是一种多么伟大而又激动人心的集会！但这种集会只可能发生在一种场合，那就是“现今”；至于各个时期的先贤需要在时间的长河里跋涉多久才能抵达“现今”，则完全可以不予计较。

现在，让我们来谈谈教育中科学与逻辑的内容。须谨记，不能在实际中加以运用的知识显然是有害的。在此，运用知识指的是将获得的知识与构成我们生活的感知、情感、希望、愿望以及能调整思想的精神活动联系起来。当然，许多人就是通过被动地记忆大量支离破碎的知识来丰富自己的心灵。但是，这种方式不能帮助这些人获得文化修养——或许某些报纸杂志的编辑例外。

---

① 莎士比亚（Shakespeare，1564 年～1615 年）：英国文学史上杰出的戏剧家，文艺复兴时期伟大的文学家。代表作有《哈姆雷特》《罗密欧与朱丽叶》《麦克白》等。——译者注

② 莫里哀（Moliere，1622 年～1673 年）：法国喜剧作家、演员、戏剧活动家。代表作有《无病呻吟》《伪君子》《悭吝人》等。——译者注

③ 索福克勒斯（Sophocles，公元前 496 年～公元前 406 年）：古希腊诗人，雅典三大悲剧作家之一。——译者注

④ 维吉尔（Virgil，公元前 70 年～公元前 19 年）：古罗马诗人，作品有《牧歌》《农事诗》《埃涅阿斯纪》等。——译者注

在科学教育中，面对新概念，要做的第一件事情就是证明它。请允许我用一点时间来扩展“证明”的内涵：我的意思是证明其价值。首先，只有包含概念的命题是真命题时，这个概念才可谓有价值。相应地，无论是实验验证还是逻辑演绎，证明一个概念的关键就在于包含它的命题本身。尽管如此，验证命题的真实性和准确性并没有成为初次引入概念时的重点。毕竟，讲授概念的是我们可敬的老师，在初始阶段，教师的威信就已是最充足的证据。事实上，当我们第一次接触一系列概念时，最先做的就是理解概念的重要性，这也是我们在日后生活中经常会做的。严格说来，我们根本不会尝试证实或证伪什么，除非概念已经重要到值得我们费神去证明。就狭义而言，面对一个概念时，证明和理解可以同时进行，不需要做严格的区分。但如果一定要分个先后，那么应该把通过实际运用来理解放到优先的位置上。

此外，尽量不要孤立地使用命题。我的意思是，绝对不用一组简单的实验来阐述命题一，接着呈现命题一的证据；再用一组简单的实验来阐述命题二，接着呈现命题二的证据；依此类推，直至全书完结。再没有比这更枯燥乏味的了！相反，我们应该从整体上运用彼此关联的知识，还可以用不同的顺序来组织不同的命题，或多次反复使用。当你确定了一个理论议题之后，应挑选一些重要的应用实例，同时研习系统的理论论述与具体实例。理论论述应尽可能地简洁精练，但也要保证其严谨性。如果理论过于冗长，我们就很难全面而准确地了解它。另外，倘若儿童对掌握的大部分理论知识都只是一知半解，那后果也相当糟糕。应当确保，儿童能够将“证明”与“运用”区分开来。我的看法是，凡是被证明的内容，同时应该得到运用，而凡是被运用的东西（只要可行），也应当得到论证。我绝不认为“证明”与“运用”是同一回事。

至此，我可以用一种看似离题的方式来继续后面的讨论。我们刚刚意识到，掌握教育的艺术与科学既需要有天赋，也需要对其本身进行研究。这里的“天赋”也好，“科学”也罢，绝不仅仅是某些科学分支或文学门类中的简单知识，上一代人或多或少地察觉到这一点。一些不太成熟的校长却渐渐忽略了对教育艺术和科学进行深入的学习和研究，反而要求教师涉猎广泛——就像既能用左手打保龄球，又能对足球侃侃而谈一样。但是，文化毕竟不仅仅是保龄球，不仅仅是足球，也不仅仅是广博的知识而已，它有着更加复杂的内涵。

教育，意味着教人们如何运用知识的艺术，这种艺术极难掌握。每当一本真正具有教育价值的教科书问世时，毫无疑问，某些评论家一定会指责它很难用于教学。这样的教科书当然是难教的；如果它很容易，自然就没有教育价值，我们也就该将其丢弃。教育和其他领域一样，康庄大道往往通向险恶之地。这条糟糕的道路就潜藏在煽动学生死记硬背考试内容的任何一本书、任何一系列的讲座中。顺便说一下，学生在任何一场考试中面对的考题都应该由这门课程的老师亲自设计或修订，只有这样，教育制度才可能获得成功。外在的评价者可以对课程或学生的表现进行评估，但他们绝对不能要求学生回答未经教师审查的问题。如果一定要提这类问题，那至少得是与学生长谈后碰撞出来的问题。当然，在这条大原则之下会有例外，但那也是比较特殊的例外，总的规则不容破坏。

现在，让我们回到最初的论点，即应该为课程中的理论知识找到实际运用的案例。这一主张并不容易践行，可以说，相当困难。因为它本身就要求确保知识的灵活性，拒绝知识僵化，而这恰恰是所有教育面临的核心问题。

是否能够成功地实现理想的教育，取决于各方面的多重因素，具体涉及教师的天赋、学生的智力类型、学生对生活的期望、学校环境直接提供的各种机会，以及伴随而生的种种因素等。正因如此，一刀切的外部统一考试才显得极其有害。这样公开地抨击考试制度，并非因为我们是喜欢谴责一切既定事实的狂热分子。我们才不会如此幼稚，更何况这类考试在检验学生是否懈怠方面还是很有用的。我们声讨统一考试的原因是明确的，因为它抹杀了文化中最精华的部分。如果根据自己的经验来分析教育的首要任务，你会发现，只有细致地协调各方面的多种要素，才能成功地完成教育任务。这是因为，我们面对的是活生生的学生，是灵活的思想，而不是毫无生命的事物。激发求知欲、提升判断力、锻炼其对复杂环境的掌控力、在具体实例中运用理论，所有这些能力的培养，并不是通过一系列学科考试就能够实现的。

所以，一线教师们应该提高警惕了。只要有良好的纪律，教师完全可以向全班学生灌输大量僵化的知识。你只需要拿一本教材，命令学生死记硬背就大功告成了，看似轻松无比。然后，学生就学会了解二次方程。但是，教他们解二次方程的目的何在呢？对于这个问题，有一个传统答案：思想就像是一种工具，所谓“工欲善其事，必先利其器”，只有把它磨锋利了，才能使用；培养解答二次方程的能力，就是一个打磨思想的过程。这种说法似乎有点道理，但是它仍是有失偏颇的，而且其中潜藏着的致命谬误极有可能扼杀现代社会天才的产生。我不知道，究竟是谁最先将思想比作工具。也许，是古希腊七贤中的某一位提出来的，又或者是他们共同提出的。无论始作俑者是谁，许多名人不断的支持与认可，使得这种比喻获得了不容置疑的权威性。但是，不管这种说法有多么权威，不管它获得了多少支持，我仍将毫不犹豫地批判它：将思想视为工具，这是教育理论有史以来引入的最致命、最错误、最危险的概念。人的思维从来就不是被动的；相反，它始终在不断地活动着，对各类刺激非常敏感。你不可能像对待工具一样，等待“打磨锋利”之后再启用。不管学生对你的课程有什么样的兴趣，这种兴趣都必须立刻、马上被激发；不管你打算巩固学生的何种能力，这种能力必须立刻、马上得到练习；不管你的教学想怎样影响学生的精神生活，这种精神生活也必须立刻、马上得到展现。这就是教育的黄金法则，也是难以真正践行的法则。

困难之处就在于：不管怎样精心设计，任何一种形式的文字都无法直接引导学生理解一般概念，形成思考习惯，体验思考乐趣。所有一线教师都知道，教育是一个需要耐心的过程，它关乎对细节的掌握，是每一分钟、每一小时、每一天的缓慢积累。学习没有捷径可言，不存在能够以一应百的普遍法则。谚语道："只见树木，不见森林。"这种困境正是我所强调的。教育的问题就在于，如何才能借助"树木"，让学生更好地认识"森林"。

我认为，解决的办法就是根除学科之间彼此分离的状态，因为割裂的学科教学会扼杀现代课程的生命力。教育应当只有一个主题，那就是多姿多彩的生活。然而，可惜的是，我们并没有为学生提供这个主题，反而给他们彼此分离的学习内容：代数，再无下文；几何，仅此而已；科学，没有后续；历史，到此为止；两三种语言，从未真正掌握；最后，还有最枯燥乏味的文学，以莎士比亚的戏剧为代表，伴随着一些语言学注释、对人物情节的简短分析等记忆性的知识。众所周知，这些内容源于生活，但是，互相独立的课程清单真的能算得上"生活"吗？充其量不过是上帝在准备创造世界时，脑子里闪过的创造物目录表，还没有考虑好如何将它们组织在一起。

现在，让我们回到二次方程的例子上。我们仍然面对着那个悬而未决的问题：为什么要教孩子们解二次方程呢？很显然，除非二次方程能够融入一个彼此联系的课程整体，否则，没有任何教授的理由。此外，在一个完整的文化中，数学应该具有广泛的用途。所以，我也始终抱有一点小小的猜测：也许，对不同的学生而言，二次方程的代数解法并不依赖专业的数学知识？请注意，至此我并没有提及任何心理学或专业性的内容，虽然二者在理想的教育中都是必不可少的部分。在现实的教育中，心理学或专业性的内容只是借口而已，我在这里提及，只是为了避免大家对我的观点产生误解。

二次方程是代数的一部分，代数是一种智力工具，它常常用来量化周围世界的内容。我们不可能逃离这样的世界。而且，世界已经彻底被数据影响。要想说话有理有据，就必须援引数据。只说“这个国家很大”是毫无意义的——究竟有多大呢？只说“镭非常稀缺”也没有任何意义——到底多稀缺？你无法逃避数量的概念。也许，你会用诗歌、音乐来反驳，但是，别忘了，数量和数字就藏在韵律、音阶之中。轻视数量理论的文人雅士们，其实并没有得到全面的发展。他们可以被怜悯，却不该被谴责。他们读书时学习的所谓“代数”，只是一些支离破碎的无意义的知识，这值得反思。

无论从表面还是从实际来看，学校教学中“代数”向“无意义的知识”倒退的问题是非常糟糕的。它告诉我们：如果不能清楚地意识到自己希望在孩子们活跃的大脑中唤醒什么样的属性，就盲目地推行教育改革计划，那么教育改革是不可能成功的。若干年前，人们曾呼吁改革学校的代数教学，而且大多数人认为，用曲线图就能解决问题。于是，很多知识点被撤除，图表被引入。但是，据我所知，这些图表背后并不包含任何有意义的概念或内涵，只是为了画图而画图。如今，随便一张试卷上总有一两道题是要求学生画曲线图的。虽然我个人也认为图表确实很好用，但是我仍然十分怀疑，引入图表这种做法，是否达到了预期。实际上，生活与任何一种智力或情感认知的关键特点都有联系，除非能够成功地向学生展示这种联系，否则，你不可能把生活融入通识教育计划中。这一观点难以表达，但它却是事实。所以，面对事物最本质的一面，如果你仍然只愿意做出一点点形式上的改革（例如，妄图通过引入图表来解决代数教学中的问题），那么就必定会一溃千里。你的对手

（事物本质）技术太过娴熟，它总是能让你绕道而行，不得要领。

因此，改革应该从另一个方向起步。首先，你必须明确这个世界中有哪些数量关系足够简单，可以引入通识教育中；之后，制订一份代数教学计划，其中的知识点应该有相应的实际运用作为例证。不必担心大家都青睐的图表会消失，只要我们开始将代数视为一种严谨的用来研究世界的工具，那么自然会有很多使用图表的机会。例如，最简单的社会研究也会产生一些数据，这些数据就是代数的简单运用。又如，历史发展的曲线图往往比枯燥的人名、日期分类目录更生动，更有意义，但遗憾的是，后者才是沉闷的学校历史教学中的主要组成部分。试问，列出一大堆难以辨别的国王或王后名称又有什么用呢？汤姆、迪克、哈利，他们都已经逝去了。既然我们无法让他们都在历史课上复活，那不如暂时搁置。再如，现代社会由多方合力共同形成，而这些力量的变迁流动也可以用数量来简单呈现。同时，变量、函数、变化速率、方程及其解法、消元法（一种多元方程的解法）等概念也都可以作为一种抽象的科学来研究。当然，不是死板地按照我在这里的提法来教学，而是（不厌其烦地重复）通过适宜于教学的、简单而独特的例子来辅助学习。

如果课程能够这样开展，那么从乔叟[①]到中世纪欧洲爆发的黑死病（the Black Death），从黑死病到现代的劳工纠纷，这条历史线索就能够将中世纪朝圣者的故事与抽象的代数科学联系起来，二者从不同的方面彰显着同一个简单的主题，那就是生活。至此，我完全理解你们大部分人的想法。也许，你并不想选用我所描绘的这种线索，又或者，你根本不想知道它是如何起作用的。对此我颇为赞同。我并没有声称自己就能做到这一点。但是，你们的反对恰恰说明，为什么统一的外部考试制度对于教育而言是极其有害的。我们

---

① 杰弗雷·乔叟（Geoffrey Chaucer，约1343年～1400年）：诗人、哲学家，被称为“英国文学之父”，是中世纪公认的伟大的英国诗人。——译者注

是否能够成功地展现知识的实际运用例证，这完全取决于学生的特点和教师的天赋。当然，我暂不涉及大部分人都很熟悉的那些最简单常见的运用，即涉及量的科学，例如力学、物理学等。

我们也可以运用类似的方法，在时间维度描绘出社会现象的统计图表。之后，在适宜的组间对比中消除时间的影响，我们就能够推测在多大程度上展现了事件之间真正的内在联系，在多大程度上展现的只是巧合。而且，我们会发现，应该针对不同的国家使用不同的统计数据图表，如此一来，只要选择的主题比较恰当，就能够得到展现偶然联系的数据图，或是展现必然联系的数据图。更进一步地，我们开始思考如何将偶然与必然联系区分开来，于是又接连不断地绘制出新的数据图。

但是，在考虑采纳上述观点之前，请你们一定要谨记我始终坚持的信条。首先，一种思维训练的方式不可能适用于全体儿童。例如，我觉得喜欢手工的儿童可能会考虑得更加具体，动作会更加敏捷灵巧。也许我的猜测不对，但猜测一下也无妨。其次，不要奢望一场精彩的演讲就可以一劳永逸地激励一个优秀的班级。教育的方式不该是这样的。事实上，学生始终需要努力地解题、绘制图表、做实验，才能全面地掌握整个学科的知识。我在这里所描述的，只是另一种思考的方向而已。学生必须能够切实地感受到自己正在学习，而不是在机械地表演智力的小步舞蹈。

最后，如果你的学生正在接受应试教育，那么要想实施“卓越教学”就很复杂了。你是否留意过诺曼底风格的拱门上的锯齿形花纹？古代建造的拱门上，这些花纹十分精美；但现代建造的花纹就丑陋不堪。原因就在于现代作品往往是精确测量后严格按尺寸加工而得，而古代作品则带有工匠不同的个人风格，或紧凑一些，或舒展一些。从本质上来看，应试教育要求我们对课程规划中各个部分的内容都一视同仁，把它们放到同样重要的位置上。但是，人类天生就各有专长，存在很大的差异性。有人或许可以掌握整个课程，有人或许只能看到一些彼此没有联系的例证。我承认，在一个以通识教育为基础而设计的课程中鼓励专才，这是有些矛盾的。没有这类矛盾，世界可能会变得更简单，但也会死气沉沉。可以肯定，在教育中将专业学习排除在外等同于毁灭生活。

现在，我们又将面对普通数学教育中另一个重要的分支，即几何学。前述的原则也适用于此。理论阐述应当清晰、准确、简洁且有重要的意义。删除那些对表现概念关系不是绝对必要的命题，同时，保留所有基础性知识。不要忽略某些概念，如相似、比例等。须记住，由于涉及图形的视觉呈现，因此几何学是锻炼学生演绎推理能力的绝佳学科。当然，还有几何绘图，它能够培养学生的手与眼的协调能力。

然而，就像代数一样，几何与几何绘图的教学也必须有所拓展，应当超越单纯的几何知识本身。在工业地区，就可以拓展为机械制造厂或车间操作的实践。例如，伦敦科技专科学校就在这方面取得了卓越的成效。我建议，中学生应通过土地测量、地图绘制等活动来学会运用几何知识。尤其是平面图的绘制，它能够帮助学生灵活地理解几何知识的直接运用。借助一些简单的测绘工具，如测链、罗盘，学生就能够从测量、勘定某块地逐步提高到绘制一小片地区的地图。运用最简单的工具获得最大限度的知识，这就是最好的教育。我们最好不要让学生使用过于精密的工具来学习。绘制某个小区域的地图，研究那里的道路、轮廓、地貌、气候、居民的生活状况及其与其他区域的联系，能让学生获得大量的历史、地理知识，比学习柏金·沃贝克[①]或贝伦海峡的知识有意义多了。当然，

① 柏金·沃贝克（Perkin Warbeck，1474 年～1499 年）：历史人物，船夫的儿子，谎称自己是被处决的爱德华四世的次子，四处行骗，最后在英格兰被处以绞刑。——译者注

我并不想围绕某一个学科做一次泛泛而谈的讲座，而是要进行认真的探究，在探究中，应当借助准确的理论知识来阐明真正的事实。那么，一个典型的数学问题就应该这样来表述：测量某一块地，按比例绘制地图，然后计算面积。这是一种很好的方式，无须证明过程，便提出了很好的几何定理。同时，学生也能够在实地测量的过程中自然而然地掌握定理的证明过程。

幸运的是，专业教育中出现的问题要比通识教育的问题简单一些。原因是多方面的。一方面，在两种情况下必须遵守的程序原则大多是一样的，因此不必赘述；另一方面，专业教育出现在——或者说，应该出现在——高年级课程中，对高年级学生而言，学习的材料会显得容易一些。此外，毋庸置疑的是专业学习通常意味着学生对某个专业有特别的兴趣，他的学习动机就是他想了解这个学科。这就有本质的不同了。通识教育的目的是训练思维活动；专业课程的学习需要运用这种思维活动。但是，不必过于强调二者之间的差别。正如我们已经发现的，通识课程中可能会出现专业学习的兴趣点；相应地，在专业学习中，学科之间的外在联系也能够拓宽学生的视野。

另外，没有哪一门课程专门提供通识教育，也没有哪一门课程专门提供专业知识。为了开展通识教育而设置的科目都是专业学科，需要专门的学习；同时，鼓励学生进行思考的一种方法，就是培养一种专门的热爱。你不可能把浑然一体的学习一分为二。教育应该带给学生一种融合感、整体感，让他们感受到不同思想的力量、不同思想的美妙、不同思想的逻辑都是密切相关的；同时，应该传授给学生一系列特殊的知识，这些知识对学生个体的生活有着独特的价值。

欣赏思想的逻辑，体现了一种有教养的心理。事实上，只有在专业学习的影响下，对思维的训练才有可能持续进行。我的意思是，既要统揽全局，又要关注某一系列思想之间的联系。只有专业学习才能帮助我们把握通识类知识的构成要素、各要素之间的关系以及它们对于理解生活的贡献。专业学习的训练，可以让学生的思维既更抽象，又更具体。这是因为学生在专业学习的训练中，既需要理解抽象问题，又需要分析具体事实。

最后，我们应该培养所有思维品质中最质朴的一种，即“风格感”。这是一种美感，它的根基在于重视并表扬为了达成可被预见的目标而努力的直接过程。艺术的风格、文学的风格、科学的风格、逻辑的风格、实践的风格，都具有最基本的美学特质，即实现与约束。沉迷或热爱某个学科，不是在反复思考中获得懒洋洋的愉悦感，而是对在学习过程中逐渐展现出来的风格的热爱。

至此，我们又回到了最初的起点：教育的实用性。如果追求极致的话，风格就是思维教育最终才能获得的成果，也是最有用的。它无所不在：有风格感的管理者最讨厌浪费，有风格感的工程师会充分利用材料，有风格感的工匠青睐精美的作品。风格，是人类思维的终极目标。

但是，在风格之上、在知识之上，还有更高位的东西，那是一个模糊的存在，就像希腊众神也要受命运主宰一样。处于这高位的便是力量，风格是对力量的精加工，是对力量的约束。但追寻期待的目标所需的力量才是最根本的。最好不要过早地担忧你的风格，首先要考虑的是如何实现目标，例如，着手解决你的问题，证明上帝给予人类的方式的正当性，履行你的职权，或者完成你手头的任何事情。

那么，哪里才是风格的用武之地呢？应该是这样的：有了风格，你可以直接达成目的，不会节外生枝，也不会热情过头。建立起一种风格，那么你就能够直接实现目标本身而不受无关事宜的干扰。在风格的帮助下，你所做的事情将是可预见的，而预见性是上帝的馈赠。有了风格的助力，你将不再为无关事宜分心，你的行动力也会大大提升，获取目标的可能性升高。现在，风格可以说是“专家”的独有特权了。有谁听说过业余画家、业余诗人的风格?没有。风格是专业学习的产物，是专业化对文化的特殊贡献。

英国现阶段的教育面临着缺乏明确目的、被外部机制扼杀生命力等问题。所以，我一直在思考：什么样的教育目的才能统领整体教育?对于这个问题，我们在两种目标之间犹豫不决——教育的目的究竟是培养业余人士还是培养专家?进入19世纪，世界开始发生深刻的变化，知识的增长让人类获得了史无前例的预见性。业余人士，意味着他拥有一定的鉴别力，掌握了应对日常工作的各类基本能力。但是，他缺乏由专业知识衍生出来的预见能力。而这次演讲的目的，正是解答如何在不丧失业余爱好者的关键特质的前提下培养专家。我们的中学教育体系就是在该灵活的地方死板严苛，在该严格的地方又过于松懈。任何一所学校，如果只对学生进行狭隘的应试教育，那么伴随而生的必定是痛苦的消亡。而且，面对学校教职工、教育环境、学生、捐赠等各个方面的挑战和机遇，校长们很难再有精力腾出手来专心发展本校的通识教育或专业学习。所以我认为，以测评个体学业水平为主要目的的外部考试制度只会造成教育资源的浪费。

测评的对象应该是学校，而非学生。每所学校应该有权以自己的课程为依据颁发毕业证书，学校的课程标准应该经过查验和修正。教育改革迫在眉睫的任务是使学校成为一个独立的单位，其课程应该是经过查验的、基于自身需求而制定的，并且由本校教职工不断发展的。如果不能确保这一点，那么我们只会从一种形式主义走向另一种形式主义，从一个僵化的思想陷入另一个僵化的思想。

在任何一个试图确保效能的国家体系中，学校应该是真正的教育单位。下这个结论时，我已经把学生的校外考试作为可供选择的制度，但是，处于斯库拉和卡律布狄斯之间——直白地说，道路两边都有陷阱，我们左右为难。如果管理部门错误地以为自己能够把所有学校都严格地分成两三类，每一类强制采用一种严格划分的课程，那么对教育发展而言也是致命的。所以，当我说学校应该是真正的教育单位时，我的意思是指合适的单位组织，既不太大，也不太小。我们必须结合每所学校的独特背景来进行考虑。出于某种目的将学校分成三六九等也是可以的。但是，在没有经过本校教师的灵活调整前，不能对课程进行绝对严格的划分。这些原则若稍加变动，同样可以适用于大学和技术学院。

如果你深入、广泛地思考教育中上述问题的重要性，看到它对整个国家的下一代的影响，看到因为处理教育问题时轻浮的态度所带来的支离破碎、希望丧失、民族失败等种种问题，你一定很难控制内心的愤慨。现代社会的游戏规则已十分明确，不重视智力训练的民族注定在劫难逃。哪怕这个民族多么有英雄气概、多么有社交魅力、多么机智、在海洋或陆地多么所向披靡，只要它不重视智力训练，就都不能改变消亡的命运。今天，我们尚能苟延残喘；但是到了明天，科技发展将会更进一步，那时，未受良好教育的人们还来不及发声就将受到时代的判决。

我们至少可以满足于过去对理想教育的总结，它诞生于人类文明曙光初现的时刻，即教育的本质在于其虔诚的宗教性。

那么请问，什么是具有虔诚宗教性的教育呢？

有宗教性的教育，应该教导学生责任感与敬畏感。责任感，缘于我们有可能控制事情发生的过程。比如，学会某些知识就能够改变现状、解决问题，那么，无知就成了罪过。敬畏感，根植于一种感觉，即认识到当下包含了现在、过去和未来的全部，当下是完整的时间线的反映，是永恒。

第二章　教育的节奏

谈到教育的节奏，其实我指的是每一个有教育经验的人在实践中都接触过的原则。同样，我意识到我的听众是英国最优秀的教育家，所以我并不指望自己能说出什么让你们觉得新鲜的话题。但是，我认为，“教育应该有节奏”这一原则并没有得到充分的讨论，我们尚未将对其实际运用有影响的所有因素纳入考虑范围之内。

首先，我将尝试用最直白的语言来阐述“教育的节奏”是指什么，希望这种阐述能够清晰地表达本场讲座的观点。这一原则即指学生在智力发展的不同阶段，应该接触不同的课程和采用不同的学习方式。众所周知，这已是老生常谈的观点了，没有人会质疑它。尽管如此，我仍然想在这个讲座中再次强调这一基本思想的显著特征。一方面，是因为听众自己肯定也会发现这一特征；另一方面，促使我坚持选择这个讲座主题的更重要的原因是，我认为，人们在教育实践中运用这个显而易见的原则时，并没有真正地考虑到学生的心理特点。

幼儿期的任务

有些教育原则将学生学习的科目按顺序进行分类，对此，我并不赞同。这些原则只有在作为自我辩解的说辞时才勉强算是有点道理的。首先，我们可以来看看所谓的“难度”这一分类标准。按照

“先易后难”的顺序来排列学科学习，这种做法其实并不对。相反，某些最难的学习应该最先出现，这既是人类天性使然，也是因为这些学习对我们的生活而言非常重要。例如，幼儿最早面临的智力任务就是学会说话。把声音和含义联系起来，这是多么艰巨的任务！既要分析含义，又要分析声音。大家都知道，幼儿能够很自然地学会说话，他取得的这个奇迹般的成就是可以解释的。事实上，所有的奇迹都是这样水到渠成地发生，只是对于爱思考的智者而言，这些仍是奇迹。这个例子活生生地放在我们面前，难道还不该摒弃“把较难的学科留到后面”这种荒唐的说法吗？

接着，幼儿需要学习的下一个学科是什么呢？书面语的习得，也就是说，声音与形状的联系。天啊！教育者们都疯了吗？咿咿呀呀的6岁小家伙们所面临的或许是圣贤们穷其一生都未必能够完成的任务。同样，数学中最难的任务就是学习代数原理，这也被放在了相对简单的微积分之前。

对于这个观点，我不会再深入阐述了，只是有必要正式地重申一下：在复杂的教育实践中，把困难的内容放到后面并不是一种有效的解决方法。

除了按先后顺序排列学科内容之外，还有一条教育原则也可供选择，即必要优先原则。这一原则显然有更坚实的基础支持。例如，先识字，才能阅读《哈姆雷特》；先学习整数，才能学习分数等。然而，哪怕是这条看起来严谨的原则也经不起推敲。它当然没错，但只有在你对某一学习科目中的概念进行人为限定时，才有点道理。而且，这条原则的危险性就在于，在观念上来看，它似乎是正确的；但在实际运用中，它却完全不对。例如，在识字之前，你肯定无法阅读荷马史诗；但是，幼小的孩子、往昔的成人也能够通过聆听妈妈的讲述或游吟诗人的吟唱，和奥德修斯[①]一起在充满传

---

① 奥德修斯（Odysseus）：荷马史诗《奥德赛》的主人公。他利用木马计攻陷特洛伊城之后，在海上历尽万险，漂泊了十年才回到故乡。——译者注

奇色彩的海洋中历险。不加判断地使用“必要优先”原则，将某些学科凌驾于另一些学科之上，再加上所谓的组织化调整，必然会导致教育领域中出现撒哈拉沙漠般的不毛之地。

智力发展的阶段

我用“教育的节奏”作为本次演讲的题目，是由于知识在目前面临着另一个危机。人们经常把学生的发展视为统一的、稳步向前的、发展的形式与速度不存在差异的过程。例如，一个男孩从10岁开始学习拉丁文，然后按照统一的步调稳定发展，到18岁或20岁时就应该成为研究古典文学的学者。我认为，这种教育观点背后的关于智力发展过程的心理学理论是错误的，它严重影响了教育方法的有效性。诚然，生命具有周期性，既包括日常生活的周期，如工作与娱乐、活动与睡眠的交替转换；也包括季节性的周期，它直接决定我们的学期与假期；还包括一年四季的变换等。这些循环周期非常明显，令人难以忽视。同样，人的智力发展也包含更细致的阶段，及其循环往复的周期变化。各个循环周期各不相同，存在差异，且又会再生出附属阶段。正因如此，我才会在标题中采用“节奏”这个词，以表达“在不断重复的结构框架之内，有一些必要的差异在不断形成”的含义。我们的教育之所以越来越僵化、无效，根源就是对智力发展的节奏和特点的忽略。我认为，黑格尔将发展过程划分为正题（Thesis）、反题（Antithesis）、合题（Synthesis）三个阶段是很有道理的；但是，如果要运用到教育理论中，这三个名称就不太合适了。为与智力的发展相联系，我把这三个阶段重新命名为：浪漫新奇阶段（Romance）、精确阶段（Precision）、归纳阶段（Generalization）。

浪漫新奇阶段

浪漫新奇阶段，意味着最初的理解阶段。此时，学习内容对学习者而言，生动、新颖，其内部潜藏着许多未经探索的关系和可能性。初见之下，学习者或许可以揭开这些内容的一半面纱，却又会因为材料过于丰富而无法窥见另一半的真面目。在这个阶段，知识暂未受系统程序的影响。这里所谓的系统，是为了特定的目的而逐渐建立起来的系统。此时，我们对于事实的认知是直接的，而且只是偶尔对这些事实进行系统性的剖析。浪漫新奇的感觉就是我们从接触单纯的事实开始，到第一次发现事实之间未经探究的联系时产生的、激动人心的成果。举个例子：鲁滨孙仅仅是个男人，沙滩只不过是沙滩，脚印只是脚印，岛屿也只是岛屿，而欧洲仅是忙碌的人类社会而已。但是，如果你突然懵懵懂懂地意识到，或许有可能把鲁滨孙、沙滩、脚印、远离欧洲大陆的孤岛联系起来，那么浪漫新奇的故事就诞生了。为了让我的观点更浅显易懂，我不得不举这么一个极端的例子。这个故事可以很贴切地说明发展循环过程中的第一个阶段。我们必须按照头脑中已经活跃起来的知识经验来组织教育，而不可能对空白的大脑进行教育。通常，在谈及“教育”这个概念时，我们喜欢把它限定在发展循环的第二个阶段，即所谓的精确阶段。然而，这种限制会导致对整体教育问题的误解。所以，我们既要关心知识的酝酿与成形（浪漫新奇阶段），也要考虑精确性的获得（精确阶段），还得注意随之而来的结果（归纳阶段）。

精确阶段

精确阶段意味着对知识进行持续增补。在这个阶段，对知识之间广泛联系的关注要让位给对系统结构准确性的把握。这是文法和规则的阶段，包括语言的文法、科学的原理。我们推动学生逐步获得某种特定的事实分析方法，一点一点，不断地增加新的事实，而新的事实都是适用于这种分析方法的事实。

很显然，没有前序的浪漫新奇阶段做铺垫，精确阶段将会十分空洞：除非我们已经模糊地意识到各类事实及其广泛存在的普遍性，否则，过早的分析就只是空无一物的分析，只是对孤立而直白的事实所进行的一系列毫无意义的评论，带着生硬的人为痕迹，且没有任何深入的关联性。我要再度重申，在这个阶段，我们也不能只停留在浪漫新奇阶段所引出的那些事实上。在浪漫新奇阶段，我们发现具有各种各样重要的可能性的概念；在精确阶段，我们则主要依据一种系统化的方式来获取其他事实，从而对最初涉及的一般事实进行揭示和分析。

归纳阶段

最后的归纳阶段，即黑格尔所谓的“合题”，是指带着已进行分类的概念和具有相关性的技巧，重新找回最初的浪漫新奇感。它是精确训练的出发点与归宿。它是最终的成功。抱歉，我不得不用如此枯燥乏味的分析来阐述这个十分明显的概念。因为只有预先设定大家清楚地掌握了这三个阶段循环的关键特征，接下来的论述才有可能展开。

循环的过程

教育应该由上述三个阶段不断循环往复而构成。从小的方面来看，每一节课都应该成为一个承上启下的循环周期，由自身引发下一个阶段的学习。越是长的周期就越要确保有明确的学业成果，而所获得的成果也并不是终点，而是新学习周期的起点。所以，我们必须摒弃凭空虚构的、毫不相关的教育目标。学生应当有机会不断地享受成果，再整装出发——如果教师在成功地满足学生不同阶段的求知欲时，还能够恰当地激发新的求知欲。

幼儿最初产生的浪漫新奇感，源于对事物的认知以及对事物联系的关注。这种感觉在智力方面的发展表现为：将对事物的感知与身体行为活动协调起来。接着，幼儿踏入的第一个精确阶段，就是运用口语这种工具来区分事物，巩固对与他人情感联系的理解。最后，幼儿第一次面对的归纳阶段，就是运用语言来对事物进行分类，扩展对事物的掌控以获得乐趣。

智力发展的第一个循环周期，从获得对事物的感知到习得语言，从习得语言到对观念进行分类以获得更敏锐的感知，需要更加仔细的学习。这也是我们能观察到的唯一一个在最自然状态下的循环过程，之后的学习循环不可避免地带有现存教育模式的痕迹。这个学习循环周期有一个特点——它取得了完全的成功，很遗憾，后续的教育并没有这种特点。我们可以看到，经过这个循环周期，最终幼儿学会了说话、区分概念、更准确地感知事物。这个学习周期的目标实现了。这是大多数教育体制下对大多数学生而言都无法实现的。为什么会这样呢？很显然，如果我们还记得这个学习任务有多难，就会觉得刚出生的婴儿面临着智力发展中最不可能实现的目标。我认为，大自然以周围的环境作为课程，以最适合幼儿大脑正常发展的方式，为幼儿呈现学习任务，所以成效显著。孩子学会说话，进而学会更好地思考，这也是自然的过程，它背后并没有什么神秘的原因，但它的确启发了我们的反思。

幼儿这种循环过程能够在短时间内、在自身限定的范畴内完成任务，获得成功，在后续的教育中，我们并没有找到与此相同的循环过程。这种成功只是幼儿自然的学习循环周期中所具备的特征之一。我们开始让孩子学习各种学科知识，例如，10 岁开始学习拉丁文，希望通过一系列统一的正式培训让他到 20 岁就能够获得成功。结果肯定是失败的，这样的教育既没有激发学生的兴趣，也没有取得成效。这里所谓的“失败”，是相对于幼儿期最早的学习循环周期所取得的巨大成功而言的。我想，失败的原因并不在于任务本身太艰巨，幼儿期的学习任务才是最难的！之所以失败，是因为我们任务的设定没有以自然的形式呈现，没有蕴含节奏，没有中间阶段成功的刺激，没有做到专注、投入。

我暂时还没有提到专注力，但它明显与幼儿的学习发展密切相关。幼儿往往是全身心地投入循环周期的训练，没有其他东西能干扰他们的智力发展过程。由此可见，幼儿期自然的学习发展循环周期与后续的学生发展历程之间，差异悬殊。显然，生活是丰富多彩的，我们的心灵和大脑自然也需要得到多元的发展，才能适应这个缤纷世界。但是，即便考虑到这一点，并且默许了这种观点，我们还是应该在后续的学习阶段保留一些对专注、投入的重视，尤其要避免在学习循环周期的同一阶段不同的学科彼此竞争（课时）。旧教育制度的弊端就在于毫无节奏、不分缓急地持续强调某一门笼统的、未分类的学科。而当代的教育体制则坚持进行初级的通识教育，轻易地容许人们把知识分解到不同的学科范畴中，同样也只是毫无节奏地网罗了零散的知识碎片而已。所以，恳求各位，把教学的元素与对学生的直观理解有内在价值的各个从属学习循环周期协调起来，从而在学生的头脑中构建和谐的模式吧！我们应当在合适的季节收割合适的作物。

青春期的浪漫与新奇

现在，让我们开始对之前阐述的理论观点进行更具体的实际运用。

幼儿期经历过的第一个学习循环是非常成功的，紧接着就是青春期的发展循环，它带来了我们迄今为止从未体验过的最伟大的浪漫与新奇阶段。这也是性格塑造的阶段。孩子在青春期的浪漫与新奇阶段的表现，将决定今后的生活如何被理想塑形、被想象着色。接下来，就是在获得口语表述能力和阅读能力之后形成的概括归纳能力了。由于幼儿期接触的素材比较匮乏，所以幼儿期的归纳阶段也相对较为短暂。谈及“知识”，不管作何种解释，最初的知识都是在智力发展第一个循环阶段之后才能真正获得，这就带来了非凡的浪漫与新奇阶段。各种想法、事实、关系、故事、历史、可能性，各种词语、声音、形式和色彩的艺术，涌入孩子的生活，刺激孩子的感受，激发孩子的鉴赏力，鼓舞孩子去参与类似的活动。这样的黄金时期，却时时可能被填鸭式教育的阴影笼罩，真是悲哀！我想，在正常情况下，这个阶段大约会持续 4 年，从 8 岁到 12 或 13 岁。这是儿童使用母语的黄金时期，也是观察能力、操作能力蓬勃发展的时期。幼儿不能很好地处理身边的事情，但儿童能；幼儿不会观察，但儿童会；幼儿无法通过记忆来记住某种想法，但儿童可以。从此，儿童进入了崭新的世界。

当然，精确阶段也可以延伸为一种不断循环的较短的学习周期，在磅礴的浪漫与新奇阶段中形成涡流。写作能力、拼写能力、计算能力、陈述简单事实的能力（如列出英格兰的历任国王），都是精确阶段的组成要素，对训练儿童的专注力十分必要，同时也是重要的学习成果。但是，这些东西在本质上都是零散的。不可估量的浪漫新奇阶段才是将孩子们推向精神生活的滚滚洪流。

蒙台梭利教育方法能够成功，是因为它意识到了浪漫新奇感在孩子智力发展阶段占据主导位置。如果这样能解释得通，那么蒙台梭利教育法在实用方面的缺陷也就很明显了：在一定程度上，它对每一个浪漫新奇阶段都是必不可少的。它的要旨是广泛浏览知识和鼓励创新，但是它缺少了精确阶段必不可少的克制。

语言的掌握

在浪漫新奇阶段即将结束时，身处发展循环中的孩子将开始倾向于精确知识的学习。此时，语言自然而然地成了孩子专注投入的主要内容。这是一种孩子相当熟悉的表达自己的方式。孩子已经对描绘他人生活和其他文明社会的故事、历史和诗歌耳熟能详。于是，我们期望孩子们从 11 岁开始集中精力学习语言的精确知识。在 12 岁到 15 岁的三年间，应该提供大量的语言学习机会，并且做好规划，这样才能循序渐进地实现明确而有价值的目标。我估计，在这样的时间限定内集中精力学习，等这个阶段结束时，孩子们就应该能够很好地掌握英语、流利地阅读一些简单的法语，同时已完成拉丁文的初步学习——掌握拉丁语语法的准确知识、拉丁语的句子结构，以及阅读一些精心挑选的拉丁语作家的作品。这些作品可能已经过简化，并且附带最佳版本的文字翻译，这样学生既能欣赏原文，又能参考翻译，进而能够从整体上把握原著的全部内容了。我认为，一般的孩子都能够达成上述三种语言的学习要求，但前提是不需要分心学习其他科目的精准知识。此外，有天赋的孩子还可以更进一步。也许，拉丁语对他们来说只是小菜一碟，那么倘若这类孩子对希腊文学作品感兴趣并且有志于多学几年，他们就可以在这个阶段末期开始学习希腊语了。其他科目应该居于次要位置，并且遵循另一种指导精神。首先要记住，部分具有文学性的科目，诸如历史，在语言学习中多半已经涉及了。在阅读英语、法语、拉丁语文学著作时，很难避开与欧洲历史有关的一些知识。当然，我的意思并不是抛弃专门的历史教学，相反，我建议，按照前述的“浪漫新奇”原则来呈现历史学科的内容，而且不要用大规模、系统性的考试来检查学生对精确的历史细节的记忆情况。

在这个发展周期，科学应该处于浪漫新奇阶段。也就是说，学生应亲自观察、亲自试验，最多有一点局部的精确概念。科学最重要的精髓，无论从理论层面还是从技术运用层面来看，都在于它在具体事物上的运用，每一次这样的运用都会激发一个新的研究问题。因此所有的科学训练都应该从研究开始，再回归研究，并且强调把握自然中发生的事实材料。适合这个年龄段的指导形式和实验的具体限制，都取决于经验丰富与否。尽管如此，我还是要重申，这个时期是适合科学学习的浪漫新奇阶段。

专注于科学

到了 15 岁左右，语言的精确阶段以及科学的浪漫新奇阶段就已经走向尾声，接下来将开启语言的归纳阶段和科学的精确阶段。这个阶段相对短暂，但至关重要。我想，这个阶段的学习大约需要一年的时间，而且毫无疑问会打破之前课程间的平衡。也就是说，应当专注于科学的学习，相对减少语言课程的学习。这一年的科学学习，建立在此前浪漫新奇阶段的学习基础之上，应当让每一个学生都理解主导着机械、物理学、化学、代数和几何学发展的主要原理。理解这些，并不意味着他们开始学习这些学科，而是借助各个学科概念的系统阐述，将早先零散积累的知识整合起来。以代数和几何为例——我对这二者比较熟悉，所以姑且将它们作为例子来分析。过去三年来，学生已经尝试在实际测量问题中运用简单的代数公式和几何原理，或者接触过其他需要计算的科学学习。通过这种方式，强调用数字呈现结果，学生的计算能力就得到了加强，学生也会渐渐熟悉代数公式的表达和几何命题的概念；同时，一些辅助处理问题的方法也将得以实现。这样一来，学生就无须花时间专门来熟悉各种科学思想了。学生已做好准备去学习那些他们应该彻底理解的少部分代数和几何知识。此外，在前一阶段，有些男孩可能会表现出对数学的特殊天赋，而且可能会有继续发展，那么在本阶段的最后一年，甚至可以稍微忽略其他学科，重点加强数学学习。在此，仅以数学作为例证。

同时，语言学习进入了归纳阶段。在这个阶段，学生不再学习语法或作文的精确知识，而是开始阅读文学著作，重点关注文章的核心思想及其所处的历史背景。另外，历史学科也开始强调掌握较短的特定历史时期的精确知识，这是为了精准地叙述重大时期发生的事实，展现如何简单判断有关的人物或政策。

到此为止，我大致描绘了从幼儿期到十六岁半的学习轮廓，这个轮廓是按照生命的节奏性来排列的。如此一来，我们才有可能开展宏观的通识教育，学生在接受教育的过程中才能自始至终都保持新鲜感和专注力。因此，精确阶段的教学才能真正阐述那些已经有所了解、亟须深入解释的学科主题。每一个学生都能够依次集中精力来学习不同学科，并发现自己的优势所在。最后——这是我发自内心最想实现的目标——理科生既接受了宝贵的文科教育，又在最关键的年纪养成了在科学领域独立思考的习惯。

16 岁以后，新的问题出现了。文科生在科学学科的归纳阶段，主要是通过专题讲座的形式来学习科学领域的主要结论和概括性知识，而语言学、文学、历史学习的新周期又开始了。但是，更多的细节学习在这个阶段已不是最必要的了。而理科生则继续前一阶段的精确学习，直到中学阶段结束，在这期间，学生对更广泛的科学概念的学习和理解不断深入。

然而，在这个时期，教育面临的问题过于个人化，或者说，至少被割裂成了很多个案，以至于不可能采用普遍的方法。所以，我仍然建议理科生继续学习法语，如果还没有掌握德语的话，那么就开始学习德语吧。

大学教育

如果你还可以忍受我的喋喋不休，那么我将谈谈如何在大学教育中借鉴上述观点。

从幼儿期到成年的发展构成了巨大的循环周期。其中，浪漫新奇阶段涵盖了人生的前 12 年，精确阶段占据了整个中学阶段，归纳阶段是从少年迈向成年的阶段。所以，对中学教育后继续接受正规教育的学生而言，大学课程或者相应的高等教育就是重要的归纳阶段了。归纳概括的精神理念主导整个大学。大学里讲座的受众是那些已经熟知知识的细节与过程的学生，或者说，讲座内容至少要和学生此前接受的训练保持一致，这样才更容易掌握。如果说，学生在基础教育阶段只顾埋首书案，那么在大学，他就该抬起头来环顾四方。正因如此，如果在大学一年级时学生还浪费时间用旧的理念回顾已经学过的知识，那无疑是致命的错误。在中小学阶段，学生历尽万难，终于从具体特殊的事实走向对一般概念的了解；在大学阶段，他又该从一般概念出发，学习如何运用具体事实。所以，设计良好的大学课程应该是对一般规律的广泛概括。当然，我指的并不是脱离具体事实，而是将具体事实作为研究对象来阐述一般概念。

培育心智能力

培育心智能力是大学教育的一个方面，侧重于将理论兴趣与实践运用协调一致。不管你灌输给学生的知识细节是什么，他在今后的生活中需要用到这个细节的机会微乎其微；就算正巧遇到了，他很可能早已将你教的东西抛于脑后。真正有用的教育，应使学生理解一些一般性原理，这些原理有着十分扎实的现实基础，可以运用到不同的具体情境中。在以后的实际运用中，学生可能完全忘了你提到过的具体细节，但是，他会下意识地想起如何在当时的情境中运用这些原理。抛开教科书、烧掉讲座笔记、忘记你为了应付考试死记硬背的琐碎知识，你的学习对你来说才是真正有用的。你经常需要运用的知识细节会深深地印在你的脑海里面，就像日月星辰一样明显；你不常用到的知识则完全可以在你需要时从文献中查找。大学的功能在于能让你摒弃细节而保留原理。谈到“原理”，我绝对不是指公式化的言语表达。相反，“原理”应该是已经深入骨髓的思维习惯，而不是刻板的陈述。渐渐地，当例证中的情境出现时，“原理”会成为你的大脑主动应对相应刺激的方式。在面对生活的种种情况时，我们的知识绝不会主动而清楚地浮现出来。心智能力的培养其实就是一种大脑遇到活动刺激、发挥令人满意的作用的有效途径。其实，人们提起“学习”，说得就像是我们始终注视着所有读过的书籍的每一页内容，当时机来临时，我们就可以选出正确的一页，大声地朗读出来。

幸运的是，实际情况与上述不成熟的想法并不矛盾，正是因为这样，纯粹的知识教育与专业成就的获取之间的分歧不算什么。认为教育一定能够达成预期目标的观点才是严重的错误。我可以换句话来说：大学教育的理想不是知识，而是能力。它的职责在于把青少年时期掌握的知识转换为成人所需要的能力。

成长的节奏特征

最后，我要归纳两个重要论点来概述我的想法，并将其作为一种警示。这篇演讲的论点是“成长是有节奏的”。个体内在的精神生活是一张分支繁密的巨网，各个方面的发展并不统一。我试图探究普通孩子在有利的环境中各方面能力的发展，从而来阐述这一观点。但也许，我误解了一些常见的现象。我失败的可能性是很大的，因为证明这一观点的证据实在太复杂、太困难了。尽管如此，希望这类失败不会让大家对我的主要论点产生偏见。事实上，心智能力的发展本身就具有节奏性，它包括了几个互相交织的周期，整个发展过程又受更重要的循环周期主导，而这个大周期具有其相应的小周期的概括性特征。此外，这种节奏本身还具有适用于大部分学生的、可确信的一般规律，而我们的教学也必须与学生发展的步调节奏保持一致。课程面临的最大问题并不是一系列学科；所有学科的学习都得在智力发展的萌芽阶段开始。真正重要的顺序是教育过程中应该认定的性质的顺序。

我的第二点警示是：不要过分夸大一个循环周期中三个学习阶

段之间的差异。我怀疑，有许多人在听完我详细地描述这三个学习阶段后，会对自己说——数学家就喜欢这类正规、严谨的分类！但是，我可以很肯定地告诉大家，这无关乎数学，人文素养的欠缺让我曾经犯了此刻我正在告诫你们的错误。当然，我的意思是，浪漫新奇阶段、精确阶段、归纳阶段关注的重点和主要特点存在普遍差异，但这三者是同时持续存在的。在不同的时期，三者交替地占据主导地位，这种交替构成了不同的循环周期。

第三章　自由与训练的节奏性要求

理想正在消失。这个令人悲哀的证据表明，人类的努力已付诸东流。在古代的学校中，哲学家们立志要传授智慧；在现代的学院里，我们卑微的目标变成了教授学科知识。过去追求崇高智慧的伟大目标，如今已堕落为获取各门学科的教材知识，这是若干年来教育的失败。当然，我并没有顽固地认为，古代的教育实践比如今的更成功。只要读一读卢奇安[1]的作品就会知道了，他的作品对哲学家们那些故弄玄虚的言论进行了戏剧化的讽刺，这样看来，古人在教育方面并不比我们好多少。实际上，我认为，在欧洲文明萌芽之初，人类满怀理想、壮志勃发，这本来应该促进教育向理想方向发展，但是在实践的过程中，理想渐渐沦落到与实践不相上下的境地。

当理想逐渐趋向于实践的水平，教育的发展也停滞了。尤其是，当我们把智力教育仅仅视为获得机械的心智能力、对实用性原理的系统阐述时，教育就不可能有所进步；哪怕采取再多的行动，包括盲目地重新修订教学大纲，试图解决“时间不够用”这一在所难免的问题，那也是徒劳无功的。我们必须要接受一个无法回避的事实：上帝创造的这个世界上有太多值得学习的知识，但是没有任何一个人能够全都掌握——人生有涯而学无涯。就算详尽地列出一

---

① 卢奇安（Lucian，约125年～180年）：生于叙利亚的萨莫萨塔，罗马帝国时代的希腊讽刺作家、修辞学家。——译者注

个人应当掌握的各门学科，也无法解决这个问题。学科门类实在太多了，而且它们都有必须学习的充分理由。说到底，也许这种知识“过剩”的状态是人类的幸运，因为愉快地忽略了某些重要的事实，对此一无所知，才让世界变得更加有趣。在这里，我急切地希望各位知道，虽然智力教育的一个主要目的是传授知识，但它还含有另一个要素，模糊却更伟大、更重要，那就是古人所谓的“智慧”。没有知识作铺垫，你不可能有智慧；你可以轻易地获得知识，但不能获得智慧。

智慧是掌握知识的途径。它涉及如何处理和把握知识，涉及在面临相应问题、需要做出抉择时如何取舍，也关乎我们如何运用知识来增加直接经验的价值。这种对知识的掌握，即智慧，是我们唾手可得的最本质的自由。古人比我们更清楚地意识到，智慧高于知识的必要性。但是，在教育实践领域内追寻智慧方面，他们却可悲地误入了歧途。简单说来，他们往往以为，哲学家们在学校里对着学生滔滔不绝地讲授，就能够将智慧播撒入人心。因此，那个时代的学校里充斥着许多靠不住的哲学家。事实上，获得智慧的唯一途径就是在知识面前享有自由；而获得知识的唯一途径是在掌握有条理的事实方面的训练。自由和训练是教育的两大关键要素，因此也就组成这篇演讲的题目——“自由与训练的节奏性要求”。

在教育领域内，自由与训练之间的对立并不像我们在逻辑意义上进行分析时所想象的那么尖锐。学生的心智是不断生长的有机体。一方面，它并不是一个可以被无情地塞入大量不同观念的空盒子；另一方面，循序渐进地获得知识是儿童智力发展的天然养料。因此，在具有理想结构的教育体系中，其目标应该是：训练成为自由选择的自发的产物，自由则因训练而收获丰富的机会。自由与训练，这两大原则并不是彼此对立的，它们应当在孩子的生活中不断调整、融合，并与个性发展的自然步调保持一致。这种根据发展的自然节奏来调整自由与训练，就是我此前所提到的“教育的节奏”。我相信，过去那些令人丧气的失败，就是因为忽略了这种重要的节奏。我的主要观点是：在教育的起始和结束阶段，自由占主导地位；但在中间阶段，训练占主导地位，自由占次要地位。此外，并非只有唯一一个由“自由—训练—自由”所构成的三阶段发展周期，相反，所有的智力发展过程都是由这样的三阶段循环周期构成的，并且每个周期下还包含着小的循环周期。这样的一个循环周期就像是一个细胞，或是搭建房屋的一块砖；而发展过程的完整阶段则是由这样的细胞组成的有机体。就每个“细胞”而言，第一个自由时期即“浪漫新奇阶段”；中间的训练时期即“精确阶段”；最后的自由时期则是“归纳阶段”。

下面我将更详细地阐述一下。没有兴趣，就没有智力的发展。兴趣是注意与理解的必要条件。你可以用棍棒威胁的方式来激发兴趣，也可以借助快乐的活动慢慢诱发兴趣。但无论如何，离开兴趣，发展和进步就无从谈起。激发生命体实现自我发展，最自然的方式就是快乐。幼儿不断学习适应环境，是因为受到了母亲和照料者爱的诱导；我们吃东西，是因为我们喜欢美食；我们征服大自然，是因为永不满足的好奇心诱导我们去探索、去发现；我们享受锻炼的乐趣；我们欣赏因痛恨敌人而怀有的非基督徒般的热情。毫无疑问，痛苦是激发生命体采取行动的一种次要方式。但是，只有在快乐无法诱发行动的情况下，痛苦才有效。快乐是一种激发生命力的正常、健康的方式。当然，我并不是说，我们可以放任自己沉沦在当前的快乐诱惑之中，而是说，我们应当努力让个性的发展沿着一种符合自然发展规律的模式来进行，即顺应快乐。所以，如果你打算追求必要的兴趣，那么训练所附带的那些严厉、困难的要求就必须确保你在将来获得长远的利益，且必须有一个适当的不能过低的目标。

我要说明的第二个基本理念是，知识的贫乏是无关紧要的。知识的重要性在于它能否被实际运用，能否被我们主动掌握——也就是说，在于智慧。把知识与智慧割裂开来，这似乎已经是约定俗成的，仿佛拥有知识的人就高人一等。我不赞成这样过分地推崇知识。一切应当取决于谁掌握了知识，以及运用知识来做什么。有一类知识能给个人的性格特点增添价值，这类知识经过处理后，能够在各个阶段改进直接经验。考虑到知识具有能动性，所以教育中过于严苛的训练才极为有害。只有充分的自由，才能培养出主动而有创造性的思维习惯。不加区别地进行训练会令头脑变得迟钝，从而无法实现自身的目标。如果你和刚从中学或大学毕业的年轻人有较多接触的话，你很快会发现，那些在受教育的过程中接受了太多死板知识的人，心智相当迟钝。英国社会普遍认为，学习就是单纯传授知识，这为教育的失败推波助澜。更有甚者，草率地传授知识，结果适得其反。人类的大脑拒绝接受这种灌输而来的知识。年轻人天生渴望激情、渴望冲动，但这种积极性被强加过来的枯燥的知识训练大大挫伤了。实际上，如果真的要进行训练，那也应该满足个体对智慧的自然渴望，正是这种渴望，赋予了最初的经验以宝贵的价值。

现在，我们还是来更详细地探究一下人类心智的这种自然渴望的节奏。面临全新的环境时，人的大脑最先开始的活动是比较散漫的，各种想法和体验此起彼伏。这是一个发现的过程，习惯于新奇想法的过程，形成问题、寻找答案的过程，设计新体验的过程，观察新的冒险活动将会带来何种结果的过程。这个过程既自然又趣味横生。我们经常能看到 8 岁到 13 岁的孩子全情投入到这样一个令人激动的过程中。在此过程中，好奇心占据主导地位，破坏这种好奇心的人都是该被诅咒的笨蛋。毋庸置疑，这个发展阶段需要额外的辅助，甚至需要受到训练。我们必须精心挑选心智活动的环境。当然，环境必须适应儿童的发展阶段，并且满足个人需要。从某种意义上说，环境是外在的、强加的；但从更深层次的意义来看，它是对儿童内心需求的回应。比如，在教师看来，孩子们是被分派到望远镜前观察星星；但是，在孩子眼里，他们有机会自由地探索星光璀璨的苍穹。我们必须改变“外部强加”的常规做法，否则，即使是最愚钝的孩子，其内心也会抗拒吸收任何外来的新知识。必须谨记，教育并不是把物品填满行李箱的过程。这种比喻不完全恰当。当然，教育的过程有其自身独特的类别特征。它更像是生物有机体摄入食物、养料的过程。我们都知道，在适宜的条件下，美味可口的食物对健康是多么必要！当你错误地把靴子放进行李箱，直到你再把它拿出来之前，它都会好好地待在那儿；但是，当你给孩子喂了不该喂的食物，情况就大不一样了。

最初的浪漫新奇阶段需要一种特殊的指导。毕竟，孩子是人类文明的继承者，让他们困在远古冰川时期人类面临的种种难题中，显然是非常荒谬可笑的。所以，应该适时地直接说明一些重要的事实、简化的概念、常用的名词，这样才能真正地加强孩子们自然的学习动力。在教育的任何一个阶段，训练与自由都不可或缺。但是，在浪漫新奇阶段，重点应该在于自由，要让孩子自己去发现、去操作。总而言之，我的观点是：在智力发展的过程中，如果在浪漫新奇阶段尚未结束时，就贸然开始精确训练，那么必然会阻碍学生对知识的吸收。所有的理解都离不开浪漫新奇阶段的感知。我坚信，过去的教育之所以那么失败，就是因为没有认真地研究浪漫新奇阶段应有的地位。如果没有浪漫新奇阶段的冒险，那么最好的结果是你得到了一堆枯燥无味的知识；最差的结果是，你会轻视种种概念——又不具备知识。

但是，如果浪漫新奇阶段得到了恰当的指导，那么另一种渴望会油然而生。儿童由于缺乏经验而产生的新奇感将渐渐消失；取而代之的是对基础事实和理论的一般性认识；重要的是，他们能对得到的直接经验进行大量独立的思考，包括思考与行动的探险。此时，学生能够理解精确的知识所带来的启发。这种启发符合对常识的明确要求，并且与学生已经熟悉的材料有关。现在，到了更进一步的时候，应该更准确地学习学科知识并且记住学科的显著特征了。这就是精确阶段。在传统的教育模式里，不管是基础教育还是高等教育，这都是学习的唯一阶段。学生只需要学习学科知识，除此之外，“教育”就别无他意。过度地延长这个十分必要的发展阶段，造成的后果是生产出一批又一批书呆子，只有一小部分学生能够在这样强大的破坏力的碾压下勉强保留着天生的学习兴趣。的确，人们总喜欢教给学生更多的事实和精确的理论，甚至超出了他们现阶段能够接受的范围。如果他们真的能够掌握这些知识，那当然很好。然而，我们——我是指中学校长和大学教授——经常忘了，在学生成长、受教育的过程中，我们发挥的作用只是次要的；学生会在他们的黄金时期、在以后的生活中继续独立学习。成长不能操之过急，不能超出其特定的阶段限制。但是，敏感的生命却常常毁在技术不熟练的医生手上。哪怕已经多方告诫，教育中仍然存在着这样的现象：盲目地去理解基本的细节和精确的原理，以寻求获得一种简单的技巧。不可忽略这样一个事实：如今，要想在现代社会发挥自身价值，你必须充分积累大量优秀的实践经验。创作诗歌，你必须先学习韵律；建造桥梁，你需要了解材料的强度。甚至希伯来的先知们也要学习书写，在当时，这可不是件容易的事。所以，未受过教育引导的天才技艺——用《祈祷书》里的话来说，就是虚构的、天真的事情。

在精确阶段，浪漫新奇感退到了幕后。此时，支配这一阶段的一个无法回避的事实是：正确方式与错误方式都存在，还有尚待认知的确切的真理。但浪漫新奇感并不是就此消亡，教学的艺术就是要在指定的明确任务的运用中培养浪漫新奇感。坚持培养浪漫新奇感，一方面，因为它是一种和谐智慧的构成要素，教育的目的正在于获得这种智慧；另一方面，只有在浪漫新奇感的帮助下，个体在理解任务时才能保持活力，进而才能够真正从任务中获益。所以，真正重要的是在实践中寻找自由与训练之间最恰当的平衡点，这样才能够让个体在认识未知事物时获得最大的进步。我想，并没有任何一条抽象的准则可以适用于所有的学科、所有类型的学生或每一个学生，但我一直主张的这种节奏性准则例外——在发展的早期阶段需重视自由，在稍后的中间阶段需重视对指定知识的精确掌握。坦白而言，如果浪漫新奇阶段得到了很好的安排，那么第二个阶段的训练就不那么突兀，孩子们已经知道如何学习，渴望好好表现，我们对他们所做的一切大可放心。此外，从其自身的意义来看，唯一有效的训练就是自我训练，这只有通过享有充分的自由才有可能获得。但是——教育中需要思考的微妙的问题实在太多了——在生活中，有必要养成愉快地接受外来任务的习惯。如果在特定的发展阶段，这些任务与学生自然的需要相一致，如果这些任务让学生有机会充分发挥自己的能力，如果这些任务的结果可以让学生明确地感知到，如果在执行任务时给予学生合理的自由，那么，结果会令人很满意。

那么，有经验的教师如何让学生保持浪漫新奇感？困难在于，他花费很长的时间去阐述理论，付诸实践时往往只需要很短的时间。维吉尔的诗作很美，这可以通过不断地感受语言音律之美来证实。数学论证之美，可以通过列举一般性原理解决复杂的数学问题来强调，这是最便捷的方式。教师在这个阶段的责任重大。说实话，除了极个别的具有天赋的教师外，我想，很少有人能够在不减少乐趣的前提下，引领全班学生在精确学习的道路上一直走下去。我们面临着不幸的困境：主动性与训练缺一不可，但训练很容易扼杀主动性。

我们承认这一点，但并不意味着，残忍地无视这些解决策略的行为可以被原谅。这并非缘于理论的必然要求，而是因为在教育每一个学生时，并没有完美的方案可遵循。过去采用的教育方法以牺牲兴趣为代价，而我们希望探究如何才能将这种损害降至最低限度。再次重申，我只是要告诫大家，教育是一个难题，没有一个简单的公式可以全部解决。

不过，人们常常忽略这样一个现实的问题：浪漫新奇感的范围相当广泛，它并不明确，不受任何精确的界限控制，它取决于偶尔灵光一现的洞察。但精确知识的范围，按照任何一个普通教育体系的要求，都能够并且应该清楚地界定。如果把范围定得太宽，那将会扼杀学习兴趣，无法实现教育目标；如果定得太窄，学生又很难有效地把握知识。确实，在任何一种课程模式下，任何一个学科领域内，精确知识的教学要求都必须通过最严谨充分的调查来确定。目前似乎没有有效地做到这一点。例如，准备从事科学工作的男孩子——我最感兴趣的群体——在学习古典知识时，应该掌握多少拉丁语词汇？又应该掌握哪些语法规则和句式结构？为什么不能一劳永逸地确定下来，然后通过练习，让他们牢记于心并掌握其衍生内容，包括拉丁语、法语和英语？随后，在阅读教材的过程中接触到的其他语法和词汇，只需要以最简便的方式提供充足的信息即可。教育中需要一种绝对的确定性。我确信，成功教师的秘诀就是对于学生应该掌握的精确知识胸有成竹。所以，他绝不会让学生背诵大量不重要的、无关的内容。成功的诀窍就在于速度，而提高速度的窍门就在于专注。但是，谈及精确的知识，我们的口号还是速度、速度、速度。迅速地汲取知识，然后加以运用。如果你可以运用知识，那你也能牢牢地记住它。

现在，我们该谈谈发展的节奏性周期中的第三个阶段，即归纳阶段。此时，有一种向浪漫新奇阶段回归的趋势。如今，学生已经掌握了确定的知识，养成了学习的习惯，在系统阐述与细节运用层面上都理解了一般的规律与定理。学生已经想要试试手里的新武器了。他已是有效的个体，希望有所创造。他又一次回到了浪漫新奇阶段那种散漫的探险状态，但不同的是，经过训练之后，他的头脑已不再是散兵游勇，而是规整的军团了。由此可见，教育应当发源于研究，最终回归研究。毕竟，教育就是为了让受教育者准备好迎接生活中的种种经历，准备好运用相应的思想、采取适当的行动来应对每一个瞬间发生的事情。所以一种教育，如果不是从激发主动性开始，不以促进主动探究而终结，那么它一定是错误的。因为，教育的全部目的就是使人获得活跃的智慧。

在多所大学任教的过程中，我曾深受打击，学生的思维如此迟钝麻木，这正是因为过去的教育漫无目的地堆砌精确知识且又未加利用。大学教授的主要任务，应当是展现他真实的个性——以一个无知者的身份来思考，主动运用自己掌握的一小部分知识。在某种意义上，智慧增长时，知识会减少，因为细节已消融在原理之中。在每一种生活哪怕是业余爱好中，我们还有机会学到重要的知识细节；养成主动运用已经充分理解的原理的习惯，才能真正拥有智慧。在精确阶段，我们通过掌握精确的知识细节逐渐理解原理。在归纳阶段，我们忽略细节，转向主动运用原理，细节逐渐隐退为下意识的习惯。例如，虽然曾经用心学过，但我们已无须刻意记住二加二等于四。我们充分信任自己在学习小学算术时养成的习惯。归纳阶段的本质就是逐渐从相对被动的接受训练状态过渡到主动运用知识的自由状态。当然，在这个阶段，精确知识会有所增长，而且会比之前更加活跃，因为我们的头脑已经感受过确定性的力量，开始渴望获得一般性真理和更丰富的例证。但是，知识的增长将渐渐变为无意识的了，而成为一种积极主动的思想探险之旅中的小插曲。

智力发展是有节奏的，关于其中包含的三个阶段，我们已经讲得够多了。整体看来，教育的全过程就是由这三重节奏主导。十三四岁之前属于浪漫新奇阶段，14 岁到 18 岁属于精确阶段，18 岁到 22 岁属于归纳阶段。但这只是通常的状况，是将发展的模式作为一个整体来看。我想，没有一个学生能够在学习所有科目时，同时完成这三个阶段。例如，（我极其主张）当语言学习进入精确阶段，即开始掌握词汇和语法时，科学应当仍然保持在浪漫新奇阶段。语言的浪漫新奇阶段始于幼儿学说话时期，这样便很早就能进入精确阶段；但科学的起步要晚得多。所以，过早地灌输精确的科学知识，很可能会扼杀学生的主动性和学习兴趣，导致学生躲避任何能丰富他们内心的科学主题。因此，在语言学习的精确阶段开始之后，科学学习应当在浪漫新奇阶段再停留几年。

此外，还有一些小的循环周期，每一个周期都有三重阶段，这些小周期每天、每周、每学期都在运转。学生大体了解某个模糊的主题，掌握相关的细节知识，最后借助相应的知识，归纳整个科目。学生应不断地被学习兴趣唤醒，不断地获得技能技巧，不断地受到成功的鼓舞，否则，他们绝不会有所进步，甚至会丧失信心。总体而言，过去 30 年来，英国的中小学向大学输送了大量令人失望的年轻人，他们对任何智慧热情的火花都毫无反应。而大学教育又重蹈覆辙，加剧了教育的失败。结果这些年轻人把他们的快乐和热情投向了别的地方，于是，“受过教育”的英国人已不再容易接受新概念了。只有当我们可以说，这个国家最伟大的成就——但愿不是战争——是在学校课堂上而非操场上获得的，这个时候的教育模式才算是令人满意的。

到此为止，我一直在谈论智力发展的教育问题，我的观点被限制在一个非常狭窄的范围里。毕竟，学生是活生生的个体，你不能把他们拆分成拼图的碎片。在机械生产中，建造的力量来源于外部，它把分裂的部分拼装起来。但面对有生命的个体时，情况就大不相同了，生命体依靠自身发展的动力来成长。外部的力量既有可能激发和引导这种发展的动力，也有可能扼杀之。但不管如何激发或引导，与发展有关的创造性冲动仍然源于个体内部，并且将成为个体最明显的特征。教育就是引导个体逐步理解生活的艺术。所谓“生活的艺术”，即指在多种多样的活动中取得完美的成就，这些活动体现了生物在面对现实环境时所具备的潜能。这种完美的成就包含了一种艺术的鉴赏力，它使层次较低的不可分割的个性特征服从于层次较高者。科学、艺术、宗教、伦理道德，都是从个体内部结构中的价值感衍生而来的。每一个人都面临着一段生存的探险。生活的艺术能够在这段险途中指引着我们。伟大的宗教文明在最初的教义内容中反对道德教育，认为这种教育只是灌输一系列孤立的禁令而已。道德，这个词语本身就有些许的消极意义，它是宗教的死敌。使徒保罗批判摩西律法（*Law*），《福音书》里猛烈抨击法利赛人[①]。每一次宗教的鼎盛都伴随着强烈的对抗性——这种对抗性随着宗教的式微而减弱。从关注发展的节奏性原则并从中获益这一点来讲，没有哪种教育比得上道德和宗教教育。不管表达宗教真理的恰当方式是什么，只要固执地过早开始精确阶段，那么对宗教而言，就是死亡。在宗教教育的严峻考验下还能保持虔诚的宗教精神，宗教的活力就彰显于此。

宗教教育的问题涉及范围太大，不可能在这次演讲中过多地讨论。在此有所提及，是为了防止大家怀疑我提倡的那些原则只能从狭义的层面去理解。其实，我们一直在更高的人生层面上分析发展

---

① 法利赛人（Pharisees）：基督信徒中的一类人，他们在教义上信奉正统的犹太教，外在的生活非常正派，但过于强调表面上遵守律法，过于形式化。也被称为伪善者。——译者注

的节奏性原则，包括最初的觉醒、训练，以及在较高水平上的收获。现在，我坚持的是，发展的本能源自自身，最初的发现由我们自己完成，训练是自我训练，最终的成果是我们自己发挥主动性的产物。教师肩负双重任务。教师不仅要展现自己的个性，引发学生的共鸣，进而激发学习的热情，还要创设一个具有更广泛的知识和更坚定的目标的学习环境。教师的存在就是为了避免浪费，而在较低层次的生存阶段，浪费是一种自然的进化方式。无论是在科学、道德还是宗教领域，发展的根本动力就是一种对价值的认可。它需要各种形式的好奇、敬畏或崇拜，以及将个性融入超越于自身的事物之中的强烈愿望。这种对价值的认可赋予生命以惊人的力量，没有它，生命将重新退回到较低层次的被动状态。这种力量的深刻表现就是美感，是实现完美境界的审美感。这个想法让我不禁要问一问：当代的教育是否足够重视艺术的作用？

英国公学特有的教育是为小康且有教养的家庭的男孩设计的。他们有机会周游意大利、希腊、法国，他们的家也布置得非常典雅。当代的中小学教育不可能提供这些条件，哪怕是公学中的大部分男孩和女孩也很难有这样的条件。在生活中，你不可能忽略像艺术这种重要的精神要素。各类审美情感让我们能够生动地理解价值。一旦伤及分毫，就会削弱与心智理解能力相关的整个系统。教育中需要享有自由，由此可以推知，我们必须重视健全的人格发展。你不应武断地拒绝这种迫切的要求。在今天的经济形势下，我们听到了太多关于教育徒劳无功，要减少教育努力的议论。但如果只是发展纯粹而孤立的智力，那这种努力注定要失败。而这正是我们国家的学校正在做的事。我们所做的刚好只够令人心潮澎湃，却远远不能令人满意。历史告诉我们，一个国家在迈向文明的过程中，首要活动就是实现艺术的蓬勃发展。然而，即便这个简单的事实已经放在面前，实际上我们仍然将普通大众排除在了艺术的门外。这样一种教育，唤醒了学生的渴望又使之落空，难怪它必将导致失败和不满！其中最可笑的一点是，简单的艺术明明是无须耗费多少资源就可以给国民欣赏的东西，我们却如此吝啬。你或许可以通过重大的改革，改变艰苦的劳动和就业的不安全感。但是，你不可能真正大幅度地提高平均收入。那么，对你而言，一切憧憬都将落空。但是，我们仍需努力通过学校教育来培养一批人，他们爱好音乐、享受戏剧，能够从色彩与形式的美感中获得愉悦。我们也可以在日常生活中为民众提供满足审美需求的机会。如果考虑采用最简单的方式，那么你会发现：物质资源的紧缺微不足道。而且，一旦国民能够广泛地欣赏艺术所带来的一切——愉悦与震撼，你难道不认为，预言家、牧师、政治家在宣扬对上帝的爱，宣传不容改变的责任，激发爱国热情时会更容易得到支持吗？

莎士比亚写了很多戏剧，生活在这个美丽的国度，历经了中世纪末期到文艺复兴萌芽的盛会，并且还在大洋彼岸开辟了疆土，这些都生动地呼唤着浪漫而新奇的感触。如今，我们面对的是成群的城镇居民，他们生长于科学时代。所以，毫无疑问，我们必须要借助新的方法来满足新的时代要求，才能维持公众的精神生活，否则，早晚有一天，那些落空的愿望会转化成无情的爆发，我们将重蹈俄国的覆辙。历史学家会写出这样的墓志铭：英国的衰亡，缘于统治阶层在精神层面的无知与匮乏，缘于他们愚蠢的功利主义倾向，缘于他们像法利赛人那样伪善的、缺乏远见的执政水平。

第四章　技术教育及其与科学、文学的关系

这篇演讲的主题是技术教育。我希望谈谈技术教育的关键特质，及其与自由教育的关系，这样的探讨将有助于了解成功的国家技术培训体系所必备的条件。这同样也是数学教师们讨论非常热烈的一个问题，因为大部分的技术类课程都包括数学。

在开始讨论之前，我们必须在头脑里建构起技术教育的理想模式；尽管在不远的将来我们可能会取得一定的成果，但我们的期望值可以保守一些。

面对理想，人们往往会有所迟疑。一位当代戏剧家①借助一个疯狂的神父之口，说出了人类的理想状态："我梦想有一个国家，在那里，政权就是教会，教会就是人民，三位一体，一体三位。它是一个共和国，在那里，工作就是娱乐，娱乐就是生活，三位一体，一体三位。它是一座教堂，在那里，牧师就是礼拜者，礼拜者就是受敬拜的人，三位一体，一体三位。它是上帝，在那里，所有的神都有人性，所有的人都有神性，三位一体，一体三位。总之，这是狂人之梦。"

在这段话中，我关注到这样一句话："它是一个共和国，在那里，工作就是娱乐，娱乐就是生活。"这就是技术教育的理想状态。面对现实，这样的表述听起来真是不可思议，成千上万的劳苦大

---

① 参见萧伯纳：《英国佬的另一个岛》（*John Bull's Other Island*）。——原文注

众，疲惫、不满，在精神上麻木不仁，再看看那些雇主们——我并不是要做社会学的分析，只是希望大家要清楚，现在的社会现实距离理想状态还十分遥远。此外，我们也承认，如果雇主在工厂里推行“工作即娱乐”的原则，那么他的工厂必将毁于一周之内。

无论是在寓言故事里还是在现实中，人类似乎都面临着一个挥之不去的诅咒：辛勤劳作，方可生存。但是，理性和道德的直觉让我们在这个诅咒中看到了前进和发展的基础。早期的本笃会修士们以劳作为乐，因为他们相信，这样就能与基督同在。

抛开神学的外衣，这种观点的本质内涵依然清晰透彻，即应当在工作中注入智慧与道德，从而将其转变为一种快乐，以去除工作中的疲惫与痛苦。每个人都可以根据自己的认识，以更具体的形式来重新表述这一抽象的状态。只要没有在细节上遗漏核心要点，那么你怎样表述都可以。不管你如何措辞，它都是辛苦劳作的人们所怀有的唯一的真正希望。它就掌握在教授技术的教师们手中，掌握在能够控制活动范围的人们手中。“工作即娱乐，娱乐即生活”，如此来塑造国民，让他们本着昔日僧侣的精神去从事日常劳作。

目前，国家急需大量操作娴熟的技工、具有创造天赋的人和关注新思想发展的雇主。

要想取得令人赞叹的成果，有且仅有一条道路可走——培养出能够从工作中获得乐趣的工人、科学工作者和雇主。说实在的，从我们掌握的有关人性认知特点来看，你觉得一个疲惫的工人，无论他的技术多么高超，能够生产出大量一流的产品吗？他会限制自己的产量，草率地应付工作，老练地避开检查；他会拖拖拉拉，不愿采用新技术；他总是满腹牢骚，满怀不切实际的革命幻想，对现实的工作环境缺乏理解。我们很可能即将迎来动荡时期，假如你打算增加剧烈动乱的概率，那么，广泛地开展技术教育、无视本笃会修士们的理想（以劳作为乐）吧。最终，社会必将自尝苦果。

其次，具有创造性天赋的人也需要愉悦的精神活动，作为其进行充满活力的工作的前提条件。所谓“需求是创新之母”绝对是一句愚蠢的谚语，“需求只是无效的托词”才更接近事实。现代创新发明层出不穷，其基础就是科学，而科学几乎就是愉悦的智力活动探究的成果。

第三类就是雇主了，他们富有进取精神。我们将会看到，成功的企业家们都是重要人士，他们的生意遍及全球，他们已积累了大量财富。虽然生意场上有起有落在所难免，但是如果整个商业形势走低，那就绝不可能指望贸易仍然保持兴盛。如果这些人认为做生意是谋取生活中其他机遇的一种普通手段，那么他们就不会有动力保持敏锐的嗅觉。他们已经非常成功了，现有的动力就足够支撑很久了。他们不太可能再采用充满不确定性的新方法给自己添麻烦。他们的心早已飞到了生活的其他方面。对金钱的渴望只会带来吝啬，而无法造就富有进取心的企业家精神。所以，人类的希望在于真正享受工作的厂商，而非以创办医院为崇高目的却不断做着令人厌倦的工作的商人。

最后，只要大部分雇主和一般员工都认为自己从事的工作仅是麻木地从大众身上榨取金钱，那么产业的和谐发展这一前景就遥不可及。以更广阔的视野来看待所做的工作以及伴随而来的公共服务，才是建立和谐合作的唯一基石。

综上所述，我们可以得出这样一个结论：对雇主和员工而言，必须以一种自由精神来对待技术教育，技术教育应该能够满足国家的现实需求，应当成为一种运用原理、提供服务的真正的智力启迪。在这样的教育中，几何学与诗歌的学习一样不可或缺。

柏拉图这样神话般的人物或许可以作为当代自由教育的代表，

就像圣本笃①可以作为技术教育的代表一样。将这两位人物及其真实的思想表达出来并加以平等对待，这是需要一些条件的，但我们不必纠结于此。在这里，他们只是作为两种对立观点的典型代表人物而已。具体而言，我们依据柏拉图现在代表的文化类型来进行分析。

究其本质，自由教育是一种培养思维能力和审美鉴赏力的教育，它是通过教授思想深刻的著作、富于想象力的文学作品和艺术作品来实现的。它所重视的是运用能力。这是需要休闲感的贵族式教育。柏拉图式的理想为欧洲文明做出了不朽的贡献。它促进了艺术的发展，培养了一种无偏见的好奇心，而这正是科学的源头；在物质力量面前，它维护了精神的尊严，这种尊严要求思想自由。柏拉图并不像圣本笃那样，苛求自己与奴隶们一起工作，但他仍然是人类思想的先驱。柏拉图式的文化特别鼓励自由贵族，可以说，欧洲就源于这个阶层，并从这里获得了如今的有序自由。几个世纪以来，从教皇尼古拉五世②到耶稣会③学校，从耶稣会会士到现代的英国公学校长们，柏拉图式教育理想都受到了神职人员们的热烈支持。

对某些人来说，这样的教育就算非常好的。它符合他们的思维模式以及他们生活的环境，但我们的要求应该不仅限于此。事实上，我们以这一种教育为理想标准，根据它来判断任何一种教育是否恰当、是否有缺陷。

---

① 圣本笃（St. Benedict，480 年～547 年）：意大利天主教教士、圣徒，本笃会的创建者。他撰写的会规十分严厉，重视体力劳动，但反对过分的形式上的苦修。被誉为“西方隐修之祖”。——译者注

② 教皇尼古拉五世（Pope Nicholas V，1397 年～1455 年）：文艺复兴时期第一位教皇。自 1447 年担任教皇，他宽容、慷慨，重视学术风气，强调恢复古典文学，被称为文艺复兴教皇。——译者注

③ 耶稣会：天主教修会，创立于 1534 年。主张灵活，强调绝对服从教皇。会众可以不过隐修生活，可以融入社会各阶层，开展各种活动，如开办学校、医院，投资工商业，进行科学研究等。重视海外传教。——译者注

这类教育的本质在于，大量地浏览最优秀的文学著作。它培养出来的是一个对古今优秀的作品如数家珍的人。他应当掌握世界上主要的语种，他应当对一些国家兴衰的历史、对人类情感的诗意表达有所思考，并且应当读过优秀的戏剧和小说。此外，他还应当了解主要的哲学流派，用心阅读过一些风格鲜明的哲学著作。

很显然，如果要大致完成这个计划，那么，终其一生，他将没有多少时间可以浪费在无关事宜上。在此，我们可以回想卢奇安的剧本对白里的计算：一个人在能够完全践行现存的任意一种道德体系之前，他要先花上150年来检验这些体系是否可信。

这样的理想也许并不适合人类。广泛文化修养的要义并不是雄心勃勃地完全掌握人类文明中的各类文学作品，从亚洲到欧洲，再从欧洲到美洲。相反，它只要求挑选一部分出来即可；但是，正如我们所知道的，选出来的都是最精华的部分。我也有一些怀疑，为什么在精选的内容中纳入了色诺芬①，而遗漏了孔夫子，虽然我也未能通读二者的原作。实际上，自由教育的宏伟计划已被压缩成研究两种重要语言中所包含的某些文学作品。

然而，对人类精神的表达不仅限于文学，还有其他的艺术形式，还有科学。教育也不仅限于被动地接受别人的思想，还必须加强主动性创造的力量。但不幸的是，主动性不是单一的元素——包括思想的主动性、行动的主动性以及艺术想象的主动性，而且这三种分类之下又有更多细致的划分。

学海无涯，而个人的生命又是转瞬即逝的，从某种意义上来看，古典学者、科学家、校长也和无知的人们一样。

人们常常会产生一种错觉，以为无才便是德。要真是这样，那么唯一的收获就是更加愚昧无知。打个比方，柏拉图从未读过莎士

① 色诺芬（Xenophon，约公元前434年～公元前355年）：古希腊历史学家，以记录历史事实及苏格拉底语录著称。——译者注

比亚、牛顿或达尔文的著作，这对他来说可不算是什么收获。近来，自由教育没有变得更差，就是因为人们已经发现了它的诉求。

我认为没有一门学科可以声称自己达到了理想的完美状态。即使将其次要因素剔除后也是如此。柏拉图式的文化所坚持的那种毫无偏见的智力欣赏，只是一种心理学上的谬误。我们的行动以及我们在一系列事件之间转换的位置，都包含着一种不可避免的因果联系，这才是根本所在。任何一种教育只要试图将智力或审美与这些根本要素割裂开来，那么必然会导致文明的衰落。从本质上而言，文化教育应当以行动为目的，它应当将工人从盲目的辛苦劳作中解放出来。而艺术的存在，让我们可以以愉快的方式来表达自己的感受，它强化了我们对世界的感知。

无偏见的科学求知欲是一种激情，意味着人们努力尝试合理有序地理解事件之间的联系。这种求知欲的目标，是实现行动与思想的融合。行动的介入是十分必要的，然而，哪怕是理论科学也常常忽略这一点。任何一个科学家都不会愿意仅仅停留在“了解”层面，他汲取知识是为了满足自己发现世界的愿望。他并不是为了了解而发现，相反，是为了发现而了解。艺术与科学能够给辛苦劳作的工人增添乐趣，就源于成功实现目标时的愉悦。这也正是科学家和艺术家的快乐所在。

所谓技术教育与自由教育之间的“矛盾”是根本不存在的。任何一种完美的技术教育，必须包含自由教育的成分；同样，没有一种自由教育会缺乏技术教育。可以说，所有的教育都既传授技术也发展智慧。简言之，教育应当使学生既充分了解某些内容，又善于采取行动。实践与理论紧密结合，相辅相成。智力不可能在真空中实现最佳发挥。我们需要迅速地将理论转换到实践中，才能激发创造性冲动，对儿童来说尤为如此。学习了几何学与力学的知识后，应该辅以工作坊实践，以获得这种现实运用，否则，数学就是一堆烦冗无益的东西。

国家的教育系统中应有三种主要的教育方式，即文学课程、科学课程和技术课程。每一类课程中都要包含其他两类。我的意思是，每一种教育形式都要为学生传授技术、科学、一系列知识观点以及审美鉴赏力，而且这些内容应该彼此支撑、互相补充。然而，人生苦短，即使是最有天赋的学生也不可能完全掌握每一类课程。所以，学习必须要有所侧重。在某些情况下，直接的审美训练显然属于技术类教育课程，因为在有些艺术和工艺学习中，训练必不可少。这样的训练在文学和科学教育中也非常重要。

文学类课程的教学方法就是让学生研习语言，即学习我们向他人传达自己思想的方法。在此，学生需要掌握的技术就是语言表达的技术，而需要了解的科学就是对语言结构的研究，以及对语言与其所传达的心理状态之间关系的分析。另外，语言与情感表达之间微妙的联系，书面语和口语所需要的感官的高度发展，都导向一种强烈的美感，成功运用语言就能够激发这种美感。最后，世间的智慧就保存在这些不朽的文学名著中。

文学类课程的优点在于其同质性，课程中的各个组成部分彼此协调，互为补充。我们不难想象，一旦得到大体的建立，这样的课程将能够成为唯一完美的教育类型。如果要说缺点的话，或许就是过分强调语言的重要性了。实际上，语言表达的重要性如此突出，以致我们难以做出清醒的判断。最近几代人目睹了文学以及文学表达形式从智力领域中唯一重要的地位渐渐退却。这是由于，为了真正认识自然、改造自然，我们还需要除了文学之外的其他东西。

科学教育，主要是训练学生掌握观察自然现象的艺术，并学会由自然现象可能产生的后果推论规律。但是，就像自由教育的情形一样，我们会发现科学教育中也存在着时间不足的限制。自然现象种类繁多，每一种现象背后都有相应的科学及其独特的观察模式，以及推导普遍规律要用到的独特的思维方式。通常，在教育中不可能研习全部科学课程，最多只可能学习两三种相关的科学课程。因此，狭隘的专业主义者常提出指控，强烈反对任何一种基于科学性质的教育。很显然，这种指控有一定的依据。我们应当思考，如何在科学教育的局限下，发挥这种教育的优势，回避狭隘专业化的风险。

讨论到这里，需要对技术教育进行一番思考。技术教育主要是通过训练，使学生掌握运用知识来生产物质产品的技艺。这类训练重视手工制作的能力，强调手眼协调能力和控制生产过程所需的判断力。然而，要具备这种判断力，意味着必须掌握一些与自然变化过程相关的知识，这是制造时需要运用的。所以，在技术训练中，要有科学知识教育的一席之地。如果你轻视科学，那么无疑是将其视为科学家们的专利；如果你重视科学，那么就能够在一定程度上传授给众人——更重要的是传授给企业主管、经理。

此外，就智力角度而言，技术教育并不仅仅与科学知识相关，它可以作为艺术家或工艺美术学徒的教育。在这种情况下，与技术教育相伴而生的就是审美鉴赏力的培养。

柏拉图式文化中有一个弊端，即完全忽视了技术教育在培养全面发展的理想人才中的作用。这种忽视源于两种极为糟糕的对立——心灵与身体的对立，思想与行动的对立。为了免招批评，我在这里得多说一句：我非常清楚希腊人有多么重视形体美和体育运动，但是，他们的价值观是扭曲的，这在当时的奴隶制度环境中是在所难免的。

在教学活动中，一旦你忘了学生是有血有肉的，那么你就等着自食恶果吧——我认为，这可谓一条教育原理。后文艺复兴时期的柏拉图式课程正是犯了这样的错误。但是，自然规律是不可抵挡的。在英国教育中，虽然从课堂上将自然驱逐，但它又以竞技体育的形式穿戴一新，耀武扬威地重回战场。

虽然人体的各种感官中都蕴藏着智力活动与人体之间的联系，但这种联系仍主要集中在眼睛、耳朵、口和双手。感官与思想是互相协调的，大脑活动与物质创造活动也相互影响。在这种相互反应的过程中，人的双手非常重要。一个有争议的话题是，究竟是人类的双手创造了大脑，还是大脑创造了双手。当然，二者密不可分。尽管几百年来，一些特殊的家庭已废弃手工劳动，但二者根深蒂固的关系并没有因此而减弱。

忽视手工艺直接导致贵族人群的大脑愈发慵懒，只有运动能使这种情况有所缓和，因为在运动中，脑力活动会降到最低限度，而手工活动并不要求十分精妙。经常写作和口头表述是有必要的，但这也只能略微激发专业人士的思维能力。此外，了不起的读者们，排斥一切其他活动，但他们的头脑也谈不上敏锐。他们往往只是胆小守旧的思考者。毫无疑问，造成这种现象的原因，一部分是过多的知识压制了思维能力；另一部分是缺乏手或口的富有创造性的活动对头脑的刺激。

在评判技术教育的重要意义时，我们必须突破以往只将学习与书本学习相结合的限制。第一手的通过直接经验获得的知识才是智力活动的首要基础。在很大程度上，书本学习传递的是二手信息，这就不可能提升亲身实践的重要价值。我们的目标是，将生活中面临的直接事件视为一般概念的具体例证。然而，学术界倾向于提供一些二手信息，用来描绘从另外一些二手信息中提炼出来的概念。这种二手信息的性质，让我们的学术界变得平庸无奇。这些知识从未经受住事实的考验，因此简直乏味至极。从这个意义上来看，培根①最重要的贡献不是他提出什么归纳推理的理论，而是他作为领

---

① 培根（Francis Bacon，1561 年～1626 年）：英国伟大的哲学家、科学家、思想家。代表作有《新工具》《学术的进步》等。他创立了科学归纳法，提出“知识就是力量”的著名论断。——译者注

军人物，坚决反对二手信息。

科学教育的独特价值应该是，为思维提供了直接的观察基础；相应地，技术教育的价值应该是，它遵循我们内心深处的自然本能，将思维转换成手工技术，将手工活动转换为思维。

科学唤起的思维是一种逻辑思维。目前，逻辑可分为两种：发现的逻辑和被发现的逻辑。

发现的逻辑在于衡量各种可能性，抛弃无关紧要的细节，预测事件发生的普遍规律，通过设计适当的实验来检验假设。这是归纳的逻辑。

被发现的逻辑则属于对特殊事件的演绎推论，这类事件发生在特定的情境下，并遵从假定的自然规律。所以，当这些自然规律是被发现或假定时，对规律的使用与否就完全依赖于演绎逻辑。没有演绎逻辑，科学将百无一用。如果我们从特殊上升到一般进行思考，那么科学就只不过是无聊的推理游戏；除非我们能够将整个过程颠倒过来，再从一般下降到特殊。上升与下降就像“雅各的天梯[①]上的天使”，向我们指引着近在咫尺的真理之路。当牛顿一发现万有引力定律，他就立刻开始计算地球表面上的苹果以及月球受到的引力。我们可以说，没有演绎逻辑就没有归纳逻辑。所以，牛顿的计算工作也是归纳论证万有引力定律的必不可少的步骤。

至此，数学不过是演绎推理的艺术中最复杂的部分，尤其当它涉及数、量和空间时。

在科学教学中，应当传授思维的艺术，即运用直接经验来形成清晰概念的艺术，推测实际运用的一般真理的艺术，检验假设的艺术，以及通过推理将一般真理运用于具体的、有特殊意义的案例中的艺术。此外，必须培养科学表达能力，这样才能从一堆乱七八糟

---

① 雅各的天梯（Jacob's Ladder）：出自《圣经·旧约·创世纪》，指雅各在梦中看到的通往耶和华之路，比喻通向幸福的路径。——译者注

的困惑概念中清晰地提取、阐述相关问题，才能抓住重点。

如果对一门科学或一类科学进行了充分的教授，而且一般的思维艺术得到了应有的重视，那么我们在纠正科学中狭隘的专业化方面就获得了很大的进步。最糟糕的科学教育通常只以一两种具体的科学分支为基础——必然如此，而教师受到考试制度的影响，倾向于用这些科学分支中狭隘的知识来填满学生的脑袋。所以，不断地提示方法的一般性，并将这种一般性与专门运用的特殊性形成对比，这是非常关键的。一个人，如果只了解自己学的那门科学，并将其作为这门科学特有的固定程序，那么他就不算了解那门科学。他将缺乏丰富的思维，也没有能力迅速地抓住不同观点之间的关系。他将什么也发现不了，在实际运用中也将笨手笨脚。

在特殊之中表现一般，是非常难做到的，尤其对于年少的学生而言。教育的艺术从来就不是简单的事。克服这种困难，尤其是在初级教育阶段，是值得让真正的天才来为之努力的。教育是对人类灵魂的训练。

数学，如果得到良好的传授，应当成为一种最有力的工具，能够渐渐将这种一般性的观念深植于学生的头脑中。数学的本质是摒弃较特殊的概念，青睐更一般的概念；摒弃特殊的方法，青睐一般的方法。我们通常用方程式的形式来表达一个特殊问题的条件，但这个方程式也适用于不同学科的数以百计的其他问题。一般性的推理是最有效的推理，因为抽象方式天生就具有演绎推理的说服力。

在此，我们还是要小心。如果我们只灌输一般真理，也会令数学教育毁于一旦。一般概念的作用就是将特殊的结论、结果联系起来。毕竟，重要的还是具体独特的案例问题。所以，在解决数学问题时，你的结果越具体越好，而方法则越一般越好。推理过程的精髓就在于将特殊的东西一般化，将一般的东西特殊化。没有概括，就没有推理；没有具体内容，则就没有意义。

技术教育的优势就在于其具体化。需要提醒大家的是，某些定理并非高度一般性，但这并不意味着它们就是具体的事实。例如，$x+y=y+x$ 是一条代数原理，它比 $2+2=4$ 更一般。但是，$2+2=4$ 本身就是一个高度概括的命题，没有包含任何具体成分。要想获得具体的命题，就需要迅速而直观地想到与定理相关的具体事例。比如，如果你对苹果有直接感受或直接记忆，那“这两个苹果加上那两个苹果，一共是四个苹果”就是具体的命题。

为了充分地运用原理，避免使之成为空洞无意义的公式，我们必须要开展技术教育。仅仅被动地观察是没有任何效果的。只有在创造中，才会对所创造出来的事物的本质特征有更深入的、生动的了解。如果你希望认识某物，那么自己动手做——这是一条非常可靠的原则。如此一来，你的能力将被唤醒，你的思维会在直接转化为行动的过程中变得更有活力。在实际运用中看到概念和原理应用的局限性，你的想法也会变得更现实。

初等教育中早就已经实践了这一原则。老师引导着年幼的孩子们，通过简单地动手剪纸、排序来熟悉不同的几何形状和颜色。尽管这种做法很好，但它还不完全符合我的想法。在思考之前先积累实践经验，体验放在思考之前，从而产生新概念，这是非常好的训练。但是，技术教育的要求更高：在思考的同时有创造性的体验，在体验中实现自己的想法，实际体验教会你如何将行动与思维协调起来，在体验的引领下将想法与预测、预测与成就整合起来。技术教育提供了理论，并通过敏锐的洞察力判断理论将在何处失效。

不要把技术教育当成是柏拉图式完美文化的残破替代物，也就是说，不要把它当作是因生活所迫而不得不采取的一种不完美的教育。每一个人能得到的无非就是不完整的知识和不完整的能力训练而已。然而，我们有三条康庄大道：文学教育、科学教育和技术教育。我们可以怀抱着美好的希望，沿着这三条道路往前走，最终实现智力与个性的最佳平衡。三条路缺一不可，若只选择其中一种，则必将导致智力活动和性格方面的重大损失。但是，如果只是机械地拼凑这三类课程，那么结果也会相当糟糕：零碎的知识之间无法建立起真正的联系，也不可能得到真正的运用。我们已经发现，传统的文学教育有一个核心要点，即它的各个部分是相互协调的。所以，教育面临的难题是，保留占主导的重点课程，无论是文学、科学或技术课程，但同时在不丧失协调性的前提下，将其他两类教育的部分内容整合到主导的那一类教育中。

确切说来，技术教育的问题让我们十分关注两个年龄：一个是 13 岁，初等教育结束之时；另一个是 17 岁，在学校课程中的技术教育完结时。我发现，初级技术学校中，培养技工的课程通常都是按 3 年来安排的。另一方面，海军军官以及大部分指挥阶层可能需要有更长的技术学习时间。我们试图考虑构建一些能够管理课程的原则，依据这些原则进行教育，学生将能够在 17 岁时掌握对社会有用的技术。

这类学生的手工技能训练应该从 13 岁开始，并在整体学业中保持适当的比例，之后逐年递增，最终达到较大比例。最重要的是，这种训练不能过度专业化。针对某一种特别的工种，在生产车间的加工方式及其窍门都应该在商业化运营的工厂中进行传授，而不必纳入学校课程。经过适当训练的工人完全可以不费吹灰之力就掌握这些技巧。任何一种教育失败的主要原因往往是因循守旧。技术教育也是如此，如果我们把它视为吸引年幼的孩子、向他们灌输某一种高度专业化的手工能力的教育制度，那么它就必将走向毁灭。国家需要劳动力的流通，不仅仅是地域之间的流通，更是合理地掌握相关的几种技能，实现在不同类型的具体工作之间的流通。我知道，谈到这里，我的处境已经很微妙了，需要指出，我并不是主张当人们正专门从事某一类工作时，应不时地抽身出来再做其他工作。那是企业组织的问题，与教育工作者无关。我只是坚持这样的原则：与最终掌握的专业技能相比，技术教育涉及的范围应该更广泛；对工人、雇主乃至整个国家而言，适应不同工作需求的能力更有裨益。

在考虑课程中与智力有关的内容时，我们必须遵循学习的协调统一性原则。一般情况下，与手工训练直接相关的智力学习会涉及一些科学的分支。实际上，将涉及不止一个分支；就算没有涉及多个分支，我们也不可能把科学学习限制在一条单一而狭隘的思维路线内。但是，倘若不进行过于细致的分类，我们有可能按照所涉及的科学门类对技术教育进行粗略的划分。这样，可以找到六种类别：（1）几何技术；（2）机械技术；（3）物理技术；（4）化学技术；（5）生物技术；（6）商业和社会服务技术。

这种分类意味着，除了附加的各种科学门类之外，大部分的职业教育都需要强调某种特殊的科学课程学习。例如，我们可以把木工、铁器制造以及其他多种手工工艺归入几何技术。类似的，农业属于生物技术。烹调，如果涉及饮食供给服务，可能会介入生物、物理、化学科学，我个人对此不太确定。

涉及商业和社会服务技术的科学，一部分是代数，包括算术与统计，另一部分是地理和历史。但是，在商业和社会服务技术中，这些科学内容都有所调整，与同宗的内容有所差异。不管怎样，依据科学门类来划分技术教育，是一件很细致的事情。最关键的要点在于，经过思考，有可能找出一些满足大部分职业需求的科学课程。而且，人们已经充分理解了这个问题，英国的许多技术学校和初级工艺学校都已经巧妙地解决了这个问题。

现在从科学转向文学，讨论技术教育的智力因素时，我们注意到，很多学习都会介于两种学科之间，如历史和地理。假如学到的是恰当的历史和恰当的地理知识，那么二者在教育中都非常有必要。描述性地解释一般结论的图书，以及涉及不同学科的思维系列，都属于这一类别。这类图书，应该是部分介绍历史，部分解释最终呈现的主要概念。它们的教育价值取决于其是否能够很好地启发学生的智力。所以，这类书不能只充斥着科学发现的奇迹，还要有更广阔的视野，提供更丰富的信息。

很不幸，在教育中，除了语法学习外，文学内容很少被提及。造成这种局面的历史原因是，在架构现代的柏拉图式课程时，拉丁语和希腊语是进入文学殿堂的唯一钥匙。但事实上，文学和语法之间并没有必然的联系。在亚历山大的语法学家抵达之前，古希腊伟大的文学时代早已过去。如今，形形色色的人群中，研究古典艺术的学者是离伯里克利时代的希腊人最远的一群人。

纯粹的文学知识并不重要。唯一要紧的是，掌握文学知识的途径。相关的事实不算什么。文学存在的意义，就是表现并发展源于生活的想象世界以及我们内心深处的国度。所以，技术教育中有关文学的内容，应该致力于让学生享受文学。学到什么知识并不重要，关键是从中获得乐趣。英国有许多“了不起”的大学，在它们的直接管理下，人们用莎士比亚的戏剧来考查学龄儿童，很显然，这必将摧毁他们对文学的兴趣，我们应该以“谋害心灵”的罪名来起诉这些大学。

智力发展的过程中，有两种乐趣：创造的乐趣和放松的乐趣。二者并不是严格分离的。职业的变换，能使上述两种乐趣同时出现，从而带来快乐的最大化。其实，文学欣赏就是一种创造，其瑰丽的辞藻、音乐感与引发的联想都只是刺激源。它们所激发的正是我们内心的活动。除了我们自己，没有任何人，没有任何天才，可以让我们的生活变得生动活泼。但是，除了专业从事文学工作的人，对其他人而言，文学也是一种放松。从事任何职业的人，一旦在工作时间受到压抑，都可以在文学中得到释放。在生活中，艺术也具有和文学一样的功能。

不需要什么帮助就可以轻易获得放松的乐趣，这不过是停止工作而已。有些单纯的放松是保持健康的必要条件。当然，它所带来的风险也是众所周知的，也是必要的放松在更多时候无法消除的副产品：并非乐趣，而是浑浑噩噩的一睡不醒。创造的乐趣则是努力获得成功的产物，它需要一定的支持才有可能获得。对于快节奏的工作和有独创性的成就而言，这类乐趣必不可少。

工人们已经超负荷工作了，若再要求提高生产效率，那简直是灾难性的经济政策。这虽然能够暂时获得成功，但是从长远来看，当工人们筋疲力尽、不可能再工作时，整个国家将不得不负担起他们的生活。如果用完全的放松来替代这种高强度的工作，那也是一种灾难。完全放松的时期，就是各方面停滞、倒退的苗头，除非我们严格缩短放松期。正常的放松就是变换正在做的事情，满足本能的渴望。游戏刚好提供了这样的机会。它能让人从工作中脱离出来，但是过量的游戏只会令我们身心空虚。

如果一个国家的组织比较健全，那么文学和艺术就应该在这里发挥关键作用了。它们为经济生产提供的支持应该仅次于睡眠和食物。在此，我并不是要培养艺术家，而是要将艺术作为健康生活的条件。艺术的作用，就像是阳光之于万物。

一旦我们从思想上摒弃“索取知识”的观点，那么无须克服什么困难，也不需要支付什么费用，艺术的享受水准将会自然而然地得到提升。所有的学龄儿童都应该定期地去当地的剧院欣赏合适的戏剧，这些戏剧工作者应该得到补贴。同样，也要去听音乐会，去看电影。美术作品可能不太会吸引孩子们普遍的注意力，但是，用有趣的图画呈现孩子们曾经读过的场景和学过的概念或许会是不错的选择。要鼓励学生从事艺术活动。最重要的是，要培养朗诵的艺术。例如，约瑟夫·艾迪生[①]描写罗杰·德·柯弗利的散文就是可读性极强的优秀作品。

艺术与文学赋予生命以活力，这种影响不只是间接的。可以说，二者直接为我们提供了洞察力。广阔的世界在我们面前铺陈开来，已经超越了物质层面，更涉及细微的感觉、情感的波动。洞察力，是具备控制力和指导能力的前提。各个民族之间的竞争，最终取决于工厂而非战场上的输赢，而胜利则将属于拥有一群在利于成长的条件下工作、受过良好培训、精力充沛的工人的那一方。艺术，是其中一种重要的条件。

如果时间允许的话，我还想再讲讲别的问题：比如，所有教育都应加入一门外语学习。根据我亲身观察的结果，这在工匠类学生的身上可以实现。关于国民教育应当遵循的原则，我已经说了很多。

最后，我想再回到圣本笃教派的思想上来，他们通过将知识、劳动力和道德力量联系起来，为人类拯救了正在消亡的古代世界文明。我们面临的危险是将现实等同于邪恶的疆域，认为在那里只有驱逐理想目标，才可能获得成功。我认为，这种观点只是一种谬误，它将直接被实践经验否定。在教育中，这种错误的观点表现为对技术教育的轻视。祖先们将崇高的理想整合到伟大的组织结构中，从而将自己从黑暗时代拯救出来。我们，不应依葫芦画瓢，而应该大胆地发挥我们的创造力量。

---

① 约瑟夫·艾迪生（Joseph Addison，1672 年～1719 年）：英国散文家、诗人、政治活动家、学者。代表作包括诗篇《远征》、悲剧《卡托》等。与好友理查德·斯蒂尔（Richard Steele）共同创办《旁观者》杂志。——译者注

第五章　古典文化[1]在教育中的地位

在英国，古典文化的未来并不取决于学者在学有所成时获得的乐趣，也不在于为学者的业余爱好开展学术训练。几个世纪以来的经验表明，能带来乐趣、培养品质的教育，往往是以古典文学、古典哲学为基础的。如今，古典文化学习面临危险，不是因为今天的学者对古典文化的热爱程度不及先辈，而是因为，过去古典文化统治着整个高等教育领域，可谓占有绝对的优势。相应地，所有学生的学习生涯都浸泡在古典文化的滋养中；在大学里，古典文化的地位只受到数学学科的挑战。这样的情况带来了很多后果，比如，仅仅为了教学目的，就需要有大量的古典文化学者；涉及学术的方方面面都会受到古典文化的影响，所以古典文化方面的天资几乎等同于个人能力；最后，任何一个有望在这个方向获得成功的男孩，都会开始自觉或不自觉地培养自己在古典文化学习方面的兴趣。但这一切已经过去，永不复现。汉普蒂·邓普蒂[2]只要还立在墙头，就能完好无损，一旦跌落，就再也不可能复原了。现在的学校里又有了很多别的学科，每个学科都包含了学生普遍感兴趣的各类主题，各主题之间又有着复杂的关系。各个学科也展现了在其发展过程中，天才们以丰富的想象力和哲学直觉而立下的丰功伟绩。今天，

---

① 古典文化，在此专指古希腊、古罗马文化。——译者注

② 汉普蒂·邓普蒂（Humpty Dumpty）：英国童谣中的主角，是一个立在墙头的鸡蛋，它不小心从墙头摔落，跌了个粉碎。后用来比喻体型像鸡蛋、又矮又胖的、傻乎乎的人。——译者注

几乎任何一个行业都已经成为一种有学问的专业，都需要有一种或多种其他学科为其技术提供基础。生命已如此短暂，大脑适宜接受各种新信息的可塑性时期就更短了。所以，即使所有孩子都适宜接受古典文化教育，我们也绝对不可能维持这样一种教育制度，即把培养古典文化学者的专门训练作为掌握其他学科的必要准备。

作为“研究古典文化教育地位的首相顾问委员会”（Prime Minister's Committee on the Place of Classics in Education）的成员，我听到了许多人在目睹当代家长唯利是图的倾向后发出的徒劳的哀呼，这真是灾难。我不相信，当代任何一个阶层的家长会比过去的家长更唯利是图。要知道，当古典文化还是通往成功的捷径时，它可是最受欢迎的学科。现在，只不过是风水轮流转，古典文化陷入险境而已。亚里士多德本人不就曾说过，“丰厚的收入是智力活动最可观的副产品。”我很好奇，亚里士多德如果是今天的家长，将会如何抨击我们公学的校长。就我对亚里士多德的浅薄了解，我猜，可能会有一场辩论，而亚里士多德必定是获胜的一方。我一直努力全面地思考古典文化在教育课程中所面临的危险性，由此得出的结论是：古典文化的前景取决于我国中学教育未来几年的发展。三十年内，无论是否愿意，伟大的公学都得跟着出牌。

将来，90%的18岁毕业之后的学生，可能再也不会阅读原版古典著作，这个事实决定了整个局面。如果学生离开学校的时间再早一些，这个数字可能就不是90%，而是99%了。我曾听过、读过一些美好的描述，说古典文化对那些在扶手椅里阅读柏拉图和维吉尔著作的学者多么重要。但是，这样说的人绝对不会在他们的扶手椅里或在任何一个其他场合阅读古典著作。我们还必须为这90%的学生打一场古典文化保卫战。如果就此把古典文化从课程当中抹去，那么剩下10%的学生就更不会去关注古典文化了。没有任何一所学校会专门安排教师来教授他们。问题迫在眉睫。

但是，我们不能就此判定古典文化面临着来自学术界或强调教育与效益相关的工业界的非议。关于这个议题，我参与过许多公开或私下的讨论，最近的一次，是在一所相当现代化的大学的委员会上进行的，整个讨论简短而精彩。该校科学学科的三位代表都非常强调古典文化价值的重要性，极力主张将其作为科学家学习必备的基础训练。之所以在这里提这件事，是因为它非常典型。

我们必须谨记，智力教育的难题就在于时间有限。打个比方，如果像玛士撒拉①那样长寿，还没有得到良好的教育，那就是他自己或教师的过错了。我们要解决的难题是如何利用中学教育的五年时间。在这段时间里，在与其他学科共同挤用的这段时间里，要尽可能地让古典文化快速地丰富学生的智力品质，只有这样，才能从根本上保护古典文化教育。

在古典文化教育中，我们努力通过全面、透彻的语言学习来发展个体在逻辑、哲学、历史、文学鉴赏方面的能力。学习语言，拉丁语或希腊语，只是实现这一最终目标的辅助手段而已。一旦达成目标，语言学习就可以放弃，除非学生还有机会并愿意选择继续学习。学生的智力不同，对一些优秀的学生来说，更深入地学习语言、分析语言，并不是提升自己文化素养的主要途径。对他们来说，研究蝴蝶或者蒸汽机，也许比学习拉丁语句子更有意义。少数天才就是在生动而直观地理解能够激发思维原创性的事物中诞生的，对他们来说更是如此。古典语言中那些词语位置固定的句子几乎总是给他们传递错误的信息，琐碎无关的细节总是会让他们理不清头绪。

然而，从总体上来看，提升文化素养的正常途径仍然是分析语言。它是学生最常用的方法，也是迄今为止教师最容易完成的

---

①　玛士撒拉（Methuselah）：《圣经》中提及的人物，以诺之子，据传活了 969 岁，极其长寿。——译者注

任务。

至此，我必须扪心自问。我的另一个自我会问："如果你希望培养孩子的逻辑思维能力，那么为什么不直接教他们逻辑呢？这难道不是显而易见的步骤吗？"我要引用一位伟人奥多公学[①]前任校长桑德森[②]的话来回答，桑德森校长不久前刚离世，他的离去是我们极大的损失。他的原话是，"学生在接触中学习。"这句话的内涵直击真正教育的根基。教育必须始于具体事实，即个体容易理解的详细而明确的事实，然后才能逐渐上升到一般概念。必须要躲开的恶魔，就是把与个人经验毫无关系的抽象论断生硬地填塞到学生的头脑中。

现在，运用这一原则来确定培养学生哲学分析思维的最佳途径。换成更直白的说法是：帮助孩子获得清晰的思维和表述能力的最佳方法是什么？逻辑学书籍中的一般论述往往和孩子日常听说的东西毫无关联。这些一般论述属于教育的成熟阶段，是大学或者接近大学阶段的内容。所以，你最好引导孩子从分析熟悉的英文句子开始。但是，如果这个语法学习的过程在初期的学习之后继续进行，那将会非常枯燥。另外，这种方法还有一个缺陷，即只分析英语语言分析的东西，而并没有阐明英语句子、词语的复杂含义以及心理认知过程的习惯。接下来，你要做的就是教孩子一门外语。此时，你已经获得了非常明显的优势：摆脱了令人厌恶的为练习而练习的形式主义。学生集中精力用这门语言来表达自己的意图，理解他人正在说的话，把握作者表述的内容，而语言分析就在无意识中

① 奥多公学（Oundle School）：建立于1556年，是英国最大最古老的公学之一，同时每年近50%的学生成功入读牛津大学、剑桥大学，而这里也是英国皇家音乐学院、英超豪门球队阿森纳足球人才的输送基地。——译者注

② 桑德森（Sanderson，1857年～1922年）：曾于1892年至1922年出任奥多公学校长。在任期间，重视科学实验，发起教育改革，使奥多公学声名远播，成为英国最有名的公学之一。——译者注

自然而然地完成了。每一种语言都体现了一种明确的智力类型，所以两种语言必定会传递给学生两种类型之间的某种差异。常识告诉我们，你应该尽可能早地让孩子开始学习法语。如果家庭经济富裕，最好为孩子聘请一名法语家庭教师。家境不那么好的孩子，也会从 12 岁上中学起学习法语。直接教学法或许可以用上，如此一来，整个课堂上，孩子们沉浸在法语氛围中，学着使用法语进行思考，并且不受英语和法语在词汇及词义上的干扰。即便是天资平庸的孩子也能学得很好，很快获得运用和理解简单法语句子的能力。正如我之前所说的，这种收获是不可估量的。此外，孩子们还获得了一个在今后的生活中非常有用的工具。语感形成了，这是在潜意识中将语言作为一种结构明晰的工具加以鉴赏的能力。

此时，开始学习拉丁语就是对智力发展最好的促进。拉丁语的各要素提供了特别简单、具体的例子，表明语言就是一种结构。假如你的智力发展水平已经到达了这个概念的层面，那么就会非常直接地看到这个事实。但是，你在英语和法语的学习中是感受不到这一点的。优美、简洁的英文很有可能被直接译成了粗糙的法文，反过来，优美的法文也可能变成粗糙的英文。粗糙的法文翻译与优美的法语之间的差异，本应写清楚，但对于智力发展的这个阶段，往往十分微妙，且不容易解释清楚。因为这两种语言在表达上具有共同的现代性特征。然而，对于英语和拉丁语，结构上的差异就非常明显，但还不至于产生不可逾越的鸿沟。

按照学校教育者的说法，拉丁语是非常受欢迎的学科；我很清楚这一点，因为我自己在学生时代就很喜欢它。我想，正是因为学习拉丁语的过程中伴随着许多乐趣，所以它才如此受欢迎。在学习时，你会发现自己正在不断地发现。不同的词语组成句子的方式与英文或法文大相径庭，还带有各种稀奇古怪的内涵。当然，在某种程度上，拉丁语比英语要原始一些。拉丁语的句子更近似于句子的形式，如同未经分析的单元。

由此，我将进入下一个观点的论述。在拉丁语给我们的馈赠排序中，我把哲学放在了逻辑学与历史学之间。在它与拉丁语的关系里，哲学的合适位置就在于此。拉丁语激发的哲学思维本能正是穿梭于逻辑学与历史学，同时令二者更加丰富。翻译中涉及的思维分析，无论是英文翻译成拉丁文，还是拉丁文翻译成英文，所利用的经验都是引入哲学逻辑前必须具备的。如果今后你的工作是具有思辨性的，那么你该向过去 5 年来让你“每周用拉丁语写一篇散文、每天翻译一些拉丁语文章”的要求致以感谢，这样的要求可谓深谋远虑。任何学科的入门都是在接触中学习的过程。对大部分人来说，语言就是对思维活动最直接的刺激，从简单的英语语法到法语，再从法语到拉丁语，这是获得理解的乐趣之路，同时这条路也连接了几何与代数的诸多元素。我想，无须再次提醒读者，柏拉图的权威性就在于他提出了我一直坚定主张的通识教育原则。

现在，我们可以从思维的哲学进入历史的哲学。我要再引用桑德森的名言：学生在接触中学习。那么，一个孩子到底怎样通过接触来学习历史呢？各种原始资料、宪章、法律、外交辞令，都那么令人费解。也许，一场足球赛隐约反映出马拉松战役①的特点。但那也只能说，任何时代、任何环境中的人类生活都有共同特征。而且，我们灌输给学生的这些外交或政治方面的材料，都只是一种非常浅薄的历史见解。真正需要的是，本能地抓住观点、思想、审美、民族推进等各方面，这些才是掌控人类动荡历史的真正力量。这样看来，罗马帝国似乎变成了狭窄的瓶颈口，必须通过它，古代文明的佳酿才能变成现代生活。至此，就我们关心的欧洲文明而

---

① 马拉松战役（the Battle of Marathon）：公元前 490 年，希腊军队与波斯军队在马拉松平原上进行了一场决战，雅典人获得了胜利。为了尽快把胜利的消息传回首都，士兵费迪皮迪兹跑了 42.195 公里，传回消息后力竭而亡。——译者注

言，历史学习的关键在于理解罗马的精神和罗马帝国的活动。

罗马的语言（拉丁语），用文学作品的形式，构成了罗马的主要风貌。我们掌握了最简单的素材，通过接触这些素材，我们就能够理解人类诸多事物变化的趋势。不同语言之间明显的联系，如法语或英语与拉丁语的联系，本身就是一种历史的哲学。我们来对比一下英语和法语：英语，全然中断了与不列颠古代文明的联系，正渐渐回归使用地中海地区带有典雅意蕴的词语和句子；法语，仍有持续性的发展，尽管中途出现了受到猛烈打击的明显痕迹。我不想就此展开，做晦涩的演讲。事实已不证自明。据说，不同民族漫游、迁徙创造了我们的欧洲，法语和拉丁语的初级知识、英语作为母语的条件都为这种说法增添了必不可少的现实依据。语言，集中体现了使用它的这个民族的精神典范。人们在耕种土地、料理家务、建设城市时，使用的每一句话、每一个单词，都蕴含了他们的习惯性观念。所以，不同语言之间，其实不可能会有真正意义上的同义词。以上所说的种种，不过是对这个论断的铺垫而已，我想通过旁征博引来强调它的重要性。英语、法语以及拉丁语构成了一个三角形，其中两个顶点分别是英语和法语，它们展示了两种主要的现代智力的不同表现；二者与第三个顶点（拉丁语）的联系，则展示了地中海古文明衍生的选择过程。这是语言文化中最重要的三角形，其自身就包含了对比的新颖性，包含了现在与过去。它跨越了时间与空间。在此基础上，我们就能够证明下属观点的合理性：在法语和拉丁语的学习中，我们可以找到将逻辑哲学与历史哲学联系起来的最简单的学习方式。如果没有这种深入的体验，那么你所谓的思想分析也好、行动记录也罢，都只不过是纸上谈兵。我并不主张、也完全不认为这种教育方式比适用于大部分学生的最简单、最容易的方式还要好。我很肯定，很多学生关注的重点也不在此。但是，我相信，学习法语和拉丁语，能够令绝大多数学生获得最大限度的成功。而且，这种教育方式还有一个优点：它已经经受了实践的考验。我认为，需要对现行的教育实践进行比较大的调整，才能满足目前的需要。但是，从整体上说，文学教育的基础，涵盖了对传统的深刻理解，以及大批富有经验、学术造诣深厚的教师。

读者们或许已经发现了，我还没有提及灿烂的罗马文学宝库。当然，教授拉丁语的过程中，少不了和学生一起阅读拉丁文学作品。一大批活力四射的罗马作家，成功地在各种各样的主题中（包括对希腊思想的解读与推崇）彰显了罗马的精神生活。但是，罗马文学的特点在于，比较缺少杰出的天才。它的作家们很少抱有超然离世的态度，他们热衷于表现自己的族群，又很少涉及族群的差异。除了卢克莱修①，你常常会感到他们的写作受到了很多限制。例如，塔西佗②的著作就表达了元老院议员们迂腐顽固的观点，对罗马当局的成就熟视无睹，只在希腊自由民取代罗马贵族的问题上斤斤计较。罗马帝国以及塑造它的罗马精神已经吸走了罗马人的天分。不重视世界上发生的事件，所以几乎没有罗马文学作品可以踏入文学天堂的大门。天堂里的语言只有中文、希腊语、法语、德语、意大利语和英语，天堂里的圣徒们只会高兴地讨论用这些精致语言描述的永恒生活。他们将对希伯来文学中与看不见的魔鬼斗争的道德热情感到厌倦，也会对罗马作家把辩论广场错当作上帝乐土的做法感到厌倦。

我们教授拉丁文，但并不指望在阅读了原著之后，这些罗马作家就能够成为学生终生的益友。英国文学要更加伟大：它更丰富、更深刻、更精妙。如果你在哲学方面有一定的鉴赏能力，那么，你

---

① 卢克莱修（Lucretius，约公元前 99 年～公元前 55 年）：古罗马诗人、哲学家。——译者注

② 塔西佗（Tacitus，约 55 年～120 年）：古罗马历史学家，曾任元老院议员，主笔撰写罗马帝国史。——译者注

会为西塞罗[①]而放弃培根、霍布斯[②]、洛克[③]、贝克莱[④]、休谟[⑤]和穆勒[⑥]吗？不会，除非你对近代史的兴趣让你转而关注马丁·塔珀[⑦]。或许，你渴望思考人类生存的无限可能性，思考人物角色在特定环境中的反应，那么在选择的时候，你会用泰伦提乌斯[⑧]、普劳图斯[⑨]的作品或特里马乔[⑩]的盛宴来替代莎士比亚和其他英文小说家的传世之作吗？此外，还有我们的喜剧作家谢里丹[⑪]、狄更斯[⑫]等。他们的作品总令人捧腹大笑，谁会在阅读拉丁文学作品的时候也这样开怀？没错，西塞罗是一个伟大的演说家，他登上了罗马帝国浮华的舞台。但英国也有充满想象力地阐述政见的政治家。我不想再喋喋不休地给你们列举诗歌与历史方面的例子了。我只希望验证自己对

---

① 西塞罗（Marcus Tullius Cicero，公元前 106 年～公元前 43 年）：古罗马雄辩家、哲学家、演说家。演说技巧一流。——译者注

② 霍布斯（Thomas Hobbes，1588 年～1679 年）：英国政治家、哲学家，建立了机械唯物主义的完整体系，提出了社会契约的雏形，代表作包括《利维坦》等。——译者注

③ 洛克（John Locke，1632 年～1704 年）：英国哲学家，经验主义的代表，在社会契约理论方面做出了卓越贡献。代表作包括《教育漫话》《政府论》等。——译者注

④ 贝克莱（George Berkeley，1685 年～1753 年）：爱尔兰哲学家，近代经验主义的重要代表人物，主观唯心主义的开创者，十八世纪最重要的哲学家之一。——译者注

⑤ 休谟（David Hume，1711 年～1776 年）：苏格兰哲学家、经济学家、历史学家，彻底的怀疑主义者。——译者注

⑥ 穆勒（John Stuart Mill，1806 年～1873 年）：英国著名的哲学家、经济学家、古典自由主义思想家。——译者注

⑦ 马丁·塔珀（Martin Tupper，1810 年～1889 年）：英国作家、诗人。——译者注

⑧ 泰伦提乌斯（Terence，公元前 190 年～公元前 159 年）：古罗马喜剧作家。——译者注

⑨ 普劳图斯（Plautus，约公元前 254 年～公元前 184 年）：罗马第一个有完整作品传世的喜剧作家。——译者注

⑩ 特里马乔：古罗马作家佩特罗尼乌斯的讽刺小说《萨蒂里孔》里的人物。特里马乔生活在尼禄统治时期，曾经是一个奴隶。他靠勤奋赢得了权力和财富，喜欢在家里召开大型宴会。——译者注

⑪ 谢里丹（Richard Brinsley Sheridan，1751 年～1816 年）：英国杰出的社会风俗喜剧作家、重要的政治家和演说家。——译者注

⑫ 狄更斯（Charles Dickens，1812 年～1870 年）：19 世纪英国批判现实主义小说家。代表作包括《雾都孤儿》《大卫·科波菲尔》《双城记》等。——译者注

“拉丁文学完美无缺地表现了人类生命的所有要素”这种说法的怀疑。拉丁文学既不能使人喜悦，也无法令人悲泣。

你不能把拉丁文学与它所处的时代背景割裂开来。在古希腊、英国，人们所创造的文学表现了普遍的人类情感，但拉丁文学不是这种意义上的“文学”。拉丁语的一个主题是罗马——罗马，欧洲的母亲、伟大的巴比伦，《圣经·启示录》的作者详细描绘其类似一个娼妓的命运[1]——

> 她因惧怕将要承受的折磨，便远远地站着，口中说道：“哀哉，哀哉！伟大的巴比伦城，坚固的城啊，一个小时内你的刑罚就要来到了。”地球上的商人都将为她哭泣哀悼，因为没有人再买他们的货物了：金银制品，宝石，珍珠，亚麻布，紫色料，绸子，朱红色料，各样香木，各样象牙器皿，各样极宝贵的木头和铜、铁、汉白玉制成的器皿。还有桂皮，香料，香膏，乳香，酒，油，细面，麦子，牛，羊，马，车和奴仆，人的灵魂。

古罗马文明就是以这种文学表述的方式呈现在早期的基督徒面前。但是，基督教义本身也是由罗马传递给欧洲的古代世界文明中的一小部分，因此，我们继承了东地中海文明的双重内容。

拉丁文学的功能就是表达了古罗马的情况。如果在面对英国文学和法国文学时，你可以发挥想象力，加入一点古罗马的文化背景，那么你就算是奠定了坚实的文化基础。对古罗马文明的理解，能帮助我们回溯地中海文明（古罗马文明为其最后一阶段），还能自然地展现欧洲的地理风貌，以及海洋、河流、高山和平原的作用。对年轻的学生进行这样的古罗马文明教育，优势在于其具体性，能够激励学生的行动，而且涉及的人物都声势显赫，无论是人格还是行为表现方面，无一例外。他们的目标远大，道德高尚，但

---

① 《圣经·启示录》中，将大巴比伦视作女人。——译者注

一旦犯下罪孽，那也是骇人听闻的。他们有一种保守顽固的特点，会“以套绳牵拉罪恶”①。道德教育总是与人们习以为常的“伟大”取向密不可分。如果我们不够伟大，那么我们做什么、结果是什么，就都无关紧要了。这里对“伟大”的感受和判断是一种直觉，而不是经过争论后得出的结论。青年人，如果处于痛苦的宗教信仰转换中，很可能会感到自己就像一条虫子，而不是一个人，这是可以理解的；但只要他还对伟大和崇高保有坚定的信念，这种信念足以证明上帝的永恒惩罚的正当性。对伟大和崇高的认识是道德的基础。我们正处于民主时代伊始，尚不明确人类的平等能够在较高层次还是较低层次上得以实现。没有一个时代比现在更有必要向年轻人展现古罗马文明：它本身就是一部伟大的戏剧，带来了比自身更重要的问题和启示。现在，我们已经沉浸在讨论文学审美欣赏的主题中。在此，古典文化的传统教育需要一场强有力的改革，才能适应新的形势。古典文化的传统教育致力于培养完美的古典文化学者。它始终将最初阶段完全让给了语言的学习，接着又盲目地相信现有的文化氛围能够确保学生对古典文学作品的喜爱。19 世纪后半期，越来越多的学科开始侵占学生可以支配的时间。于是，这种传统教学最常见的结果就是，把时间浪费在失败的语言学习上。我常在想，也许就是这种失败感，导致那些著名的英国学校培养的很多学生都不喜欢智力活动，这是极其可悲的。我们必须对古典文化教育课程进行设计，确保能够获得令人满意的结果。充满雄心壮志的理想之路，伴随的失败实在是太多了。

对待艺术工作，我们必须恰当地协调考虑下列两个因素：规模和速度。比如，用显微镜去观察圣彼得大教堂，那么对建筑师而言就是不公平的；用一天五行的速度来阅读，那么伟大的史诗《奥德

---

① 《圣经·以赛亚书》，原文是“祸哉！那些以虚假之细绳牵罪孽的人，又像以套绳拉罪恶”，即骄傲自大、不肯悔改的人。——译者注

赛》也会变得寡淡无趣。现在，放在我们面前的问题就非常明确：以学生掌握拉丁语的程度来看，他们永远不可能快速地阅读原著。而需要启发想象的内容规模又十分庞大，又必须包含在全部的历史之中，所以，我们有必要认真地研究规模和速度问题，考虑我们工作各个部分之间的相互作用。我还没有发现从学生心理的角度来探讨这个问题的文献，这难道是一个共济会①式的秘密吗？

我时常发现，如果在一群伟大的学者面前提及“翻译”的问题，他们的情绪和情感反应就如同一个优雅的人遭遇肮脏的性话题，唯恐避之不及。作为一名数学家，我不担心丢了学者的尊严，所以，我要来谈谈这个问题。

延续此前一贯的思维脉络，我对翻译问题的看法是：正确地欣赏拉丁词语的意思，分析如何用不同的语法结构来串联不同的概念，研究完整的拉丁文句子及其重点，这构成了我此前认为的学习拉丁文的价值。所以，任何一种模糊含混的教学、草率地忽略语言中精致美好的部分，都将毁灭我向大家呈现的理想目标。利用翻译来让学生尽快逃离拉丁语原文，不再分心思考语言结构问题，这种做法大错特错。精确性、清晰性、独立的分析能力，才是整个语言学习中的主要收获。

但是，我们仍然面临着无法逾越的“速度”问题，而且要在短短的四五年内学完全部课程。每一首诗都应该在限定的时间内读完，诗中的对比、意象、情绪的转换都必须和其传达的人文思想的韵律节奏保持一致。这都有特定的时间周期，不能超出一定的限制。哪怕你拿到了世界上最优秀的诗歌，如果用蜗牛般的速度磕磕绊绊地阅读，那它也会由艺术瑰宝变成一堆垃圾。我们可以想象，一个孩子在聚精会神地阅读时的思想活动：读到“此刻”，暂停一

① 共济会：出现在18世纪的英国，是一种带宗教色彩的兄弟会组织，也是目前世界上最庞大的秘密组织。——译者注

下，查查字典，接着读“一只鹰”，再停下来查字典，接下来再好奇地看看句子结构，如此这般，不断重复。这能够帮助他了解古罗马吗？当然，常识会提醒你，尽可能地找到最佳的文学译本，这些译本最大限度地保留了原作的魅力与活力，再用适当的节奏大声地朗读出来，还要加上一些有助于理解的评论说明。这样的话，你大可以更强烈地抨击拉丁语，指责它把活生生的艺术作品奉为神圣，封入神龛。

然而，也有人提出反对意见，认为翻译与原著相比总是差强人意。当然如此，正是因为这样，学生才必须掌握拉丁文原文。一旦掌握了原文，他们就能用适当的速度来阅读。我恳请各位，先用适当的速度阅读译文，获得对作品整体的认识，再用适当的速度阅读原作，欣赏作品的全部价值。华兹华斯[①]曾经提及“为了解剖而谋杀”的科学家。与他们相比，过去的古典文化学者才是名副其实的“杀人犯”。对美的感知应该是急切而激烈的，它理应得到尊重。但是，我还想更进一步：能够表现古罗马文明风貌的拉丁文学作品浩如烟海，其数量比学生能够从原文中学到的更多。学生应该阅读更多维吉尔的作品、更多卢克莱修的作品、更多历史、更多西塞罗的著作，而不应局限在所学习的拉丁文作品中。总之，在深入了解某位作家时，所选择的拉丁文作品应当能够全面地展现他的整体思想，哪怕呈现的是译文，不如作家的母语、原文叙述那样有力也没关系。但是，另一方面，如果完全不阅读作家的原文著作，那也将大错特错。

评价“规模”问题的困难，主要存在于古典历史的描述中。呈现在年轻学生面前的所有内容，都必须基于具体的和个别的案例，

---

① 华兹华斯（Wordsworth，1770 年～1850 年）：英国浪漫主义诗人，曾被封为“桂冠诗人”。他在诗中写道的“我们谋杀是为了解剖”，意指为了满足自身欲望而不约束力量的人们。——译者注

但我们又希望能够描绘出所有时代的一般特征。我们必须让学生在接触中学习。例如，我们可以通过直观展示来呈现各种生活方式，我们有各类建筑的照片、各种雕像模型、花瓶图案，有描绘宗教神话或家庭生活场景的壁画。由此，我们可以将古罗马文明与之前的东地中海文明进行对比，再与之后的中世纪文明进行对比。应该让孩子们看到人类如何变迁，包括外貌、居住场所、技术、艺术、宗教信仰的变化，这非常重要。我们必须模仿动物学家的方法，他们手上有一整套的动物制作标本，再通过示范典型例子开始教学。我们必须用类似的方法，呈现古罗马在历史上的位置。

人类的生活建立在技术、科学、艺术和宗教的基础之上。这四者紧密联系，且源于人的整体思想。但是，在科学和技术之间、艺术和宗教之间，又分别存在着特别紧密的联系。没有这四个重要因素，我们就没有办法理解任何一种社会组织结构。例如，现代的蒸汽机能够完成在古代社会需要上千名奴隶才能完成的工作。抢夺奴隶是许多古代帝国崛起的关键。一台现代的印刷机是现代民主发展的重要推手。现代思想发展的关键则是科学的不断发展带来的观念转变和技术进步。在古代社会，美索不达米亚文明和埃及文明得以繁荣，是因为灌溉的便利。而罗马帝国的诞生则是源于极其广泛地利用技术，这是我们今天还能够看到的：它的道路、桥梁、沟渠、隧道、下水道、宏伟的建筑、高度组织化的商船队、军事科学、冶金技术、农业等。这些都是古罗马文明得以扩张和统一的秘密。我经常会感到困惑：如此得天独厚的条件下，古罗马的工程师为什么就没有发明出蒸汽机呢？倘若他们发明出来了，世界历史的发展将会截然不同啊。我把原因归于他们生活在温暖的地带，而且没有引入茶和咖啡！在18世纪，无数人有机会坐在火炉旁，看着他们的水壶沸腾。我们当然都知道亚历山大里亚的希耶罗发明的一些小东西似乎就是蒸汽机的前身。这样看来，古罗马的工程师所欠缺的，只是简单地看着水壶沸腾，获得关于蒸汽推动力量的直观且深刻的印象吧。

技术进步所带来的力量不断汇聚，这与人类的历史有着适当的联系。在过去的一百年内，高度发展的科学已经与先进的技术成功联姻，一个新的时代开启了。

同样地，大约在公元前1000年，当写作的艺术得到普及之后，第一个伟大的文学时代拉开了序幕。要知道，它最初的起源十分黯淡，只被用于僧侣的经文、正式的官方记录和编年史中。如果你以为，在过去，全新的发明一出现就是万众期待，那就大错特错了。即便是今天，也无法实现这种情况，哪怕我们都受过良好的训练，能够思考新构想的各种可能性。过去，由于不同的思维倾向，新事物总是能够缓慢地渗透到社会系统中。相应地，写作激发了个体内心的新想法，虽然很慢，但它渐渐地被东地中海沿海地区掌握。当希腊人和希伯来人完全实现了写作所带来的各种可能性时，文明出现了新的转折。虽然希伯来精神的影响延后了一千年，直到基督教出现才显现出来。但就在这个时期，希伯来先知已经开始用文字记录他们内心的思想，而希腊文明则刚刚开始成型。

我想要说明的是，为了更好地了解古罗马文明的背景和前景，我们有必要大规模地陈述历史，但其中绝对不存在我们在传统的历史教学中常用的那种连贯的政治事件记录。在古罗马文明诞生与发展的历史背景中，甚至连文字的说明都不是很多。我们必须利用模型、图片、图表、表格来展现技术发展的典型例子及其对当前生活模式的影响。艺术的情况也是如此，它不同寻常地融合了实用与宗教，使二者都表现出真正的内在想象，并在表现的过程中改变内在的生命。孩子可以通过模型、图片，有时还可以通过博物馆的展品来了解过往时代的艺术。对历史的介绍不能从一般的叙述开始，而应该用具体的例子来展现时代的更替、生活模式的变迁，以及种族的繁衍和发展。

在介绍东地中海的文学和文明时，同样要提供具体的例子。仔细想想就能明白，古典文明之所以这么重要，根本原因就在于没有任何东西可以替代一手知识。由于古希腊和古罗马是欧洲文明的奠基者，所以历史知识首先就是关于古希腊和古罗马思想的一手知识。因此，为了把对罗马的理解置于恰当的情境中，我极力建议学生阅读一些古希腊文学的范文。当然，应是翻译作品。但是，我更倾向于古希腊人翻译的原文，而不是一个英国人写的关于希腊人的文章——无论他写得有多好。我们应该先掌握古希腊的直接知识，再阅读有关古希腊的书籍。

我提到的阅读，应该包括用韵文翻译的《奥德赛》，希罗多德[①]的一些作品，吉尔伯特·穆莱[②]翻译的一些戏剧作品，普鲁塔克[③]写的一些生活史记（尤其是有关阿基米德[④]在马塞勒斯[⑤]执政时的生活记载）和数学家希斯准确翻译的欧几里得《几何原本》（*Euclid's Elements*）中的一些定义、公理和命题。在阅读这些内容时，为了更好地理解作者的思想背景，我们应该进行恰当的解释和介绍。古罗马对欧洲文明产生了惊人的影响，这是因为它赠予我们宝贵的双重遗产。它吸收了希伯来的宗教思想，又将其与希腊文明融合并传给了欧洲。古罗马本身就象征着多种活跃元素的组织与联合。罗马

---

① 希罗多德（Herodotus，约公元前 484 年～公元前 425 年）：古希腊历史学家。——译者注

② 吉尔伯特·穆莱（Gilbert Murray，1866 年～1957 年）：英国古典文化学者，公共知识分子，古希腊文明研究的领军人物。——译者注

③ 普鲁塔克（Plutarch，约 46 年～约 120 年）：古希腊传记作家。——译者注

④ 阿基米德（Archimedes，公元前 287 年～公元前 212 年）：古希腊数学家、物理学家、发明家。在叙拉古保卫战中，阿基米德贡献了自己的科学知识，使得罗马士兵久攻不下只得采取围困政策。但最终叙拉古因粮食耗尽、叛徒出卖而落败，阿基米德被马塞勒斯的士兵捕获杀死。——译者注

⑤ 马塞勒斯（Marcus Claudius Marcellus，约公元前 268 年～公元前 208 年）：古罗马名将，曾领兵围攻叙拉古地区。——译者注

法体现了古罗马生而伟大的秘密，它在一个钢铁般的帝国构架中，斯多葛式[①]地坚忍而严苛地尊重人性的隐私权。受古罗马文明遗产中多元、动荡的特征影响，欧洲总处于分裂状态；但也正是因为永远不可能摆脱古罗马文明中“联合性”的影响，欧洲又总会互相联系。欧洲的历史就是古罗马控制希伯来人和希腊人的历史，包括容纳他们不同的宗教信仰、科学、艺术、物质欲及统治的欲望，这些要素彼此冲突、剑拔弩张，但古罗马很好地将其融合。所以，对古罗马的深刻认识就是对文明统一性的深刻认识。

---

① 塞浦路斯岛人芝诺（Zeno）于公元前300年左右在雅典创立了一个学派，后因在雅典集会广场的画廊聚众讲学而得名“斯多葛学派”。在历史上，斯多葛学派第一次论述了“天赋人权”“人生而平等”等人本主义观点，后主张禁欲主义。——译者注

第六章　数学课程

今天，教育面临着全新的形势，我们只有回溯到几个世纪前中世纪学习传统刚刚被打破时，才能找到类似于如今的情形。那时和现在一样，传统的智力观点虽然在大获全胜中确立了自己毋庸置疑的权威性，但已经渐渐变得狭隘，不再符合人类日益发展的利益需求了。人类利益需求的转变，结果必然要求教育基础发生相应的转变，以便让学生适应那些在今后的生活中真正影响他们思想的观点。人类社会中，智力观的任何根本性的重大变化都必须伴随着教育改革。由于既得利益者的坚持，或由于思想界一些领袖热衷于坚守某些观念（这些观念在他们最容易受影响的年龄给予其思想启示），这种改革可能会推迟三十年，在下一代人身上才体现出来。但是，变革的规律不可阻挡。教育若想获得长久的生命力和显著的效果，就必须直接向学生传授变化了的智力观，培养学生理解当前时代流行思想的能力。

成功的教育制度绝不可能存在于真空之中，也就是说，脱离现存的智力环境，就没有哪种教育制度还能妄图获得成功。不够“现代”的教育，就如同超过生命期限的有机体一样，免不了腐坏、消亡。

但是，神圣的“现代”一词并不能真正解决我们面临的难题。我的意思是，传授的观点或培养的能力要与现代思想有关。在这个意义上，哪怕是昨天刚刚获得的新发现也不能真正算是“现代”，它可能属于过去流行的某种过时的思想体系；更有可能的是，它太过于深奥。当我们要求教育与现代思想相联系时，我们所指的是在文明社会广泛传播的思想。今天下午，我希望谈谈在普通教育中不适合设置深奥科目的问题。

事实上，就算对数学家而言，数学也是一门非常棘手的科目。外人很容易指责我们的学科太过于深奥。让我们立刻处理问题，坦白承认：一般看来，数学确实是深奥的典型例子。用“深奥”这个词，我并不是想表达“困难”的意思，而是指涉及的观点具有高度的专业应用性，并且很少对人的思想产生影响。

数学所具有的深奥倾向是一种特有的不幸，它破坏了数学在通识教育中的统一性。就数学的教育用途来说，我们必须承认到目前为止，在受教育的人群中，数学水平仍是处于比较低的水准。我急切地呼吁扩大数学学科的教育范围。要想实现这个目标，不能仅仅依靠盲目地要求增加数学课。我们必须直面阻碍数学学科得到拓展运用的真正困难。

这个学科深奥吗？现在，从整体来看，我认为是深奥的。世界公论起着决定性的作用——人类的一般判断是对的。

存在于大脑和书本中的“数学”学科确实是深奥的。它始于从一般的观点中推导出数不清的具体结果，每一个结果都比前一个结果更深奥。我今天下午的任务并不是要论证数学学科深远的学习价值。它的价值，不言而喻。我想强调的是，学生能够从数学学科中获得乐趣的原因，正是它难以作为一种教育工具来运用的原因——不同的一般原理相互影响，产生无穷无尽的推论。这些推论是复杂的，看上去显然远离最初的论点，所用的方法多种多样，而且还具有绝对的抽象性质，这种性质带来了永恒的真理。

当然，所有这些特性对学生而言都是无价之宝；长久以来，数学的这些特性吸引了许多思想敏锐的知识分子。对此，我只想说：

除了精心挑选出来的某些特性之外，其他的特性用在教育里就是百害而无一益。如果不和重要的概念或一般的思想联系在一起的话，多种多样的细节会把学生们搞得晕头转向。从教育利益的角度说，仅为了掌握更多细节而进行的训练和延伸，就是我们最不想要的措施。

我们得出结论：如果要在通识教育中开设数学科目，那么它就必须遵从一种严格的挑选和适应过程。很显然，我并不是说，无论我们在这个学科上投入多少时间，普通的学生都无法获得更多的收获。我想表达的是，无论我们的进步多么有限，数学学科在任何阶段都存在的自然的特性，必须被严格排除。这门科学在呈现给学生时，必须摒弃其深奥的一面。数学必须直接、简单地探讨一些具有深远意义的一般概念。

现在，谈及数学教学的改革，当代的教师应该很有理由为自己已经取得的成就感到自豪。数学教学已经显示出巨大的改革活力，并且在这么短的时间内，取得了远远超出预期的成果。人们并不总能意识到，要改变公共考试制度背后根深蒂固的课程体系是一件非常困难的任务。

但无论如何，我们已经取得了巨大的进展，至少我们已经打破了陈旧的传统。今天下午，我想阐明一些能够帮助我们重建学科的指导思想。我已经用一句话总结好了，那就是：我们必须从数学学科的教育用途中剔除深奥难懂的内容。

我们的课程教学设计应该简单扼要地阐明一系列具有明显重要性的概念。所有偏离主题的枝节内容都应该被严格排除。我们的目标应该是让学生熟悉抽象的思想，认识到如何将抽象的思想运用到特殊的具体情境中，并且知道如何用一般的方法来进行逻辑调查研究。在这种教育理想之下，没有什么比毫无目的地往教科书中增添数学定理更有害的了；增加数学定理，无非是因为可以给孩子们灌输这些内容，教师可以出一些整齐划一的题目来进行测验考试罢了。需要学习的书本知识应该是能够阐释概念的重要信息。列举的例子——应该尽可能多，只要教师认为有必要——应该直接解释定理，或用抽象的个别案例来解释，或通过实际运用来解释。这里值得注意的是，如果考试中出现的例子实际上是要求学生掌握具有深奥细节的延伸性知识，那么简化书本知识的做法可谓毫无用处。有一种错误的观念认为，习题可以检验能力和天分，而书本知识只能检验死记硬背的能力。这不是我的经验所得。只有为了获得奖学金而特意死记硬背的学生，才有可能成功地完成试题。适当地安排书本知识，不要依据常见的那种糟糕的课程设计只呈现知识片段，那么它就能够很好地检验学生的能力，再加上补充一点直接的例子。不过，这只是谈及考试对教学的不良影响而说起的一句题外话而已。

那些为数学学科奠定基础的主要概念其实一点也不深奥。它们只是有些抽象。将数学囊括在自由教育中的一个主要目的就是引导学生掌握抽象的概念。数学知识构成了第一组抽象的概念，这些概念可能以任何一种精确的形式，自然地进入学生的思维。出于教育目的的考虑，数学学科包含了数字关系、数量关系、空间关系的知识。这并不是数学的一般定义，在我看来，数学是一门范畴更广的科学。但是，我们现在讨论的是数学在教育中的运用。这三组关系，涉及数字、数量和空间，是相互联系渗透的。

现在，我们在教育中倡导从特殊到一般。相应地，学生应该通过一些简单例子的练习，逐渐学会如何运用一般概念。我的看法是，数学教育的目标不应是毫无目的地积累特殊的数学定理，而应是让学生最终意识到，之前几年学习的东西具体地阐释了数字、数量和空间的关系，这些关系才是至关重要的。这样的训练应当成为所有哲学思维的基础。事实上，如果能够正确地设计，那么初级数学教育就能够提供这种哲学思维训练，而且还是任何一个普通学生都能够接受的。但是，我们不惜一切代价要避免的是毫无意义地堆积细节。只要你愿意，就尽量多些例子，可以让学生花几个学期、几个学年来学习。但是，这些例子必须能直接阐明主要的数学概念。通过这种方式，也只有通过这种方式，我们才能够避免有害的深奥性。

到目前为止，我所谈论的对象并不是那些立志成为专业数学家的学生，也不是那些出于专业原因需要掌握一些数学细节知识的学生。我们考虑的是面向所有学生的自由教育，包括上述两类人群。数学教育的一般用处是简单地学习一些一般定理，并辅之以具体实例。这种学习应该被单独设计，并且在观念上区别于前面提及的职业化学习——职业化学习需要最精心、完善的准备。这种学习的最后阶段是认识练习中已经阐明的一般定理。按照我的理解，目前数学学习的最后阶段是证明与三角形相连的圆的某些特性。这类问题对数学家而言有无尽的兴趣。但是，难道它们不深奥吗？这样的定理和理想的自由教育到底有什么确切的联系？在古典文化学习中，学习语法是为了阅读维吉尔或贺拉斯[①]的作品——最伟大的人的最伟大的思想。那么，在呼吁教育中应充分体现数学学科时，我们难道就满足于说“数学训练的最终目的是让学生知道九点圆的特性”吗？我很坦率地问你，这难道不是很“掉价”吗？

这一代的数学教师已经完成了非常艰辛的工作，重新组织了数学教学，所以，我们没有必要再为不能设计出一门课程在学生的头脑中留下比“双歧问题（the Ambiguous Case）”更高端的知识而失望。

让我们再来想想，在初级数学课程结束时，如何引导更聪明的学生进行最终的复习。毫无疑问，在一定程度上，我们肯定需要对

① 贺拉斯（Horace，公元前 65 年～公元前 8 年）：古罗马诗人。——译者注

所有的学习内容进行一次总体概述，但不必过分拘泥于细节，这样才能突出最初运用的一般概念及进一步学习这些概念时存在的重要意义。解析几何的概念也可以直接运用于物理实验室，只要一门简单的实验力学课程，就可以体现出相应的概念。在这里，我们涉及的观点具有双重性，物理概念和数学概念能够相互说明。

在用精确的公式表达力学规律时，数学概念是必不可少的。借助数学概念，学生就能够非常清晰地认识精确的自然定律，了解这些规律在多大程度上能够得到我们经验的验证，并且发现抽象思维在公式化表达中的作用。整体课程内容需要得到全面而具体的阐述，进而获得细致的展开，而不能只进行非常空洞的抽象说明。

但是，如果过分强调用最终的复习来直接解释前期所学的内容，那也是大错特错。我的看法是，应该精心选择数学课程的最终目标，实际上，应将作为所有前期学习内容之基石的一般概念放到最突出的位置。只要明显地开始引入一个新主题，就能够实现这一点。例如，有关“量”和“数”的概念是所有正确思维的基础。在学习的前期，它们并没有被截然分开；让学生学习代数，不会遇到什么麻烦，也无须考虑“量”的问题。但是在课程末期，如果能够在总体上认真思考“量”的基本特性，引出数字度量的问题，那么比较聪明的学生必将获益匪浅。这个问题有一个优势——我们已经拥有必需的书籍了。欧几里得的第五本书被资深权威评价为古希腊数学领域的杰作之一，这本书刚好讨论了“量”的问题。传统数学教育的狭隘真是令人绝望，从它完全忽略了这本书就可见一斑。只因为阐述的是概念问题，这本书就遭到了传统数学教育的排斥。当然，我们在使用这本书时需要仔细挑选出更重要的命题，还需要认真修正某些论点。不用全书引入，只需要少数几条体现基本概念的命题就可以了。这个主题不适合后进生学习，但肯定能让更优秀的学生产生兴趣。关于“量”的性质，在探讨“量”的概念时需要确定的测验等，这都是有趣的讨论。整个学习并不是空泛的，而是在每个阶段都可以引用一些实际的例子来进行阐述，这些例子中“量”的特性，或是缺失的，或是缺乏的，或是模糊的，或是不确定的，或是确定的。温度、热度、电流、喜悦与痛苦、质量、距离都是需要被考虑进去的。

另一个需要阐释的概念是函数。函数中的分析就相当于物理世界中的定律、几何学中的曲线。孩子在刚开始学习代数时，就已经通过画图表接触函数与曲线之间的关系了。近年来，在作图方面有较大的改革。但是，在现阶段看来，这种改革要么是改得太过，要么是远远不够。仅仅要求学生画图表是远远不够的。图表背后的思想——就像枪后面的战士——才是取得成效的关键。现在，有一种趋势就是只让学生画曲线，这个问题仍尚待解决。

在学习简单的代数函数和三角函数时，我们也开始学习如何准确地表达物理定律。曲线是表征这些定律的另一种方式。简单的基本定律，例如平方反比定律和直线距离定律，应该在复习中略过，但要考虑如何运用简单的函数来表达物理定律中重要的具体例子。我不禁想到，关于这个主题的最后复习可以采取一种很好的形式——应用简单函数曲线学习一些微分学的主要概念。用这种方式，变化率概念就不算太难理解；区分 x 的幂函数（如 x^2、x^3）也可以很容易实现。或许，借助几何图形，正弦函数、余弦函数也很好区分。一旦我们放弃了恶劣的旧习，不再生硬地给孩子灌输他们根本不理解也绝不会用到的定理，那么他们就有充足的时间集中精力来学习真正重要的主题内容。我们可以引导他们熟悉真正对思维有所影响的概念。

在结束关于物理定律和数学函数关系的主题之前，我们还要注意其他的一些要点。精确的定律从来不可能只靠精确的观察就得到真正的证明，这个事实很容易阐明，也有一些例子以资佐证。同样地，统计定律，即只有获得大量数据的平均数时才满足条件的定律，也能够很容易地进行研究和说明。其实，我们可以稍微学习一些统计学方法及其在社会现象分析中的运用，这是实际运用代数概念的最简单的例子。

另一种可以帮助学生归纳总结概念的方法是学习数学史，但要注意，这里的数学史不是简单地把历史日期、历史人名堆砌在一起，而是阐述当前的一般思维趋势，在最初的设计时，这些思维趋势赋予了相应的主题内容有趣的目标。现在，我只想让大家关注数学史，也许这个学科的学习能够实现我所渴求的结果。

我们已经提到了两类关键主题，即量的一般概念和自然界定律的一般概念，它们应该成为自由教育中数学课程的学习目标。但是，数学还有不可忽视的另外一面：它是逻辑方法训练的主要工具。

那么，什么是逻辑方法？如何才能进行逻辑方法训练？

逻辑方法不仅仅是各类推理的知识，也不仅仅是进行推理所必备的、思想集中方面的训练。就算逻辑方法只是上述这些，那也已经十分重要了。在过去漫长的岁月里，人类智力的进化并不是为了学会推理，而是为了让人类掌握在一日三餐之间获取更多新鲜食物的技艺。所以，如果不经过相当多的练习，很少有人能够完成缜密的推理。

要塑造优秀的推理者，或想要用与推理的核心要旨有关的知识去启发普通人，所需要的远不只是练习。推理的艺术即在于，要在正确的方向把握主题，要抓住能够点明整体情况的一般概念，要锲而不舍地整理附属于一般概念之下的事实细节。除非是长久地练习，而且认识到抓住重要概念的重要性，否则，没有人可以成为优秀的推理者。所以，我认为，对于这样的训练，几何比代数更适合。代数的思维过程是模糊而不可见的，但空间对于万事万物而言都是十分明显的。于是，简化或抽象的过程，即移除所有无关的特性，如颜色、味道、重量等，本身就是一种教育。此外，定义和未经验证的假设命题都表明，形成与主题相关的基础事实及其相互关系的清晰概念十分重要。但这些都还属于导论或前言部分。随着我们开始进一步学习，几何的优点将逐渐展现。学习者不用一开始就面对符号，这些符号无论多么简单，其使用规则都会干扰记忆。同样，如果能够得到很好的引导，那么推理从一开始就可以被一些清晰明确的概念主导，这些概念能够指引今后的每一个发展阶段。于是，逻辑方法的本质就能够得到即时的证明。

我们曾经说过，几何教育受限于普通学生愚钝的心智和其他学科学习课时的压力，但是现在让我们暂且搁置这些限制，思考几何在自由教育中将有何作为。接下来，我将指明几何学科中的一些阶段，但是学生不必完全按照这个特定的顺序来学习。第一个阶段是学习“全等”。我们对于全等的感知，实际上有赖于某种判断，即当外界环境变化时，物体的内在性质不变。但不管全等是如何发生的，全等其实就是两个空间区域、点对点的相互关系，要求所有对应的距离和对应的角都相等。需要注意，长度和角都相等，就是全等，至于检验相等的方式，例如，用直尺测量长度，只是让我们可以更轻易地判断全等的策略。专门提及这一点是为了说明，除了与之相关的推理外，全等，不管是作为一个更广泛的概念的例子而言，还是从其本身出发，都值得专门考虑。与全等有关的命题基本阐明了三角形、平行四边形、圆的基本特性，并且阐明了两个平面图形之间的关系。一方面通过假定多余的定理命题，另一方面通过只介绍的确很重要的命题，我们很有必要把经过证明的命题限制在最狭窄的范围内。

第二个阶段是学习相似性。这也可以减少到三四条基础命题。

相似性是全等概念的延伸，和全等概念一样，也是空间内点与点之间一对一关系的例子。对这门学科的进一步学习，可以拓展为探究本身相似和位置相似的直线图形的一两种简单特性。这门学科还可以直接运用在平面图或地图上。但重要的是，必须谨记，三角函数是使主要的数学定理得以运用的真正方法。

第三个阶段就是学习三角函数的要素。这是学习由循环带来的周期性，学习相似图形中蕴含的相关联的特性。在这里，我们第一次介绍一点以数和量的研究为基础的代数分析，需要全面地阐释函数周期性特征的重要性。只有解三角形及之后的测量运用时，需要用到的函数特性才是最简单的。大量充斥我们教材的公式本身是非常重要的，但对这类学习毫无益处。除非它们能够被学生证明可作为书本知识的直接例子，否则，就该毫不留情地剔除。

关于剔除公式这个问题，在三角函数上得到了最好的阐释，当然，我也有可能很不幸地碰上一个例子，证明我的判断是错误的。只要学习三角函数的一个角，以及排除正余弦及两角和等多余的公式，我们就可以获得这门学科在教育中的大部分益处。函数可以绘制成图表，这对于解三角形也有帮助。所以，数学这门科学应该是：(1) 分析性地呈现由全等和相似推导出来的部分定理的直接结果；(2) 作为解决测量问题的主要方法；(3) 研究表现周期性和波状运动所需的基础函数。这些可以通过书本知识和实际例子在学生的脑海中留下印象。

如果还想有所拓展，那么可以加入一些公式。但是，要特别小心，要避免让学生在训练中专门研究大量的公式。这里的“避免”意味着学生不该花费时间或精力来掌握任何与这些公式有关的推导技巧。老师或许会觉得在全班面前做一些类似的例子是很有趣的。但是，这些内容并不在学生需要记忆的知识范围之内。而且，我会从三角函数部分和之前的几何课程中剔除有关外切圆和内切圆的主题。虽然这个主题很好，但是我不理解它在初级的非专业课程中的价值是什么。

于是，数学学科实际需要掌握的书本知识所占的比例被降低到可控的范围内。不久前，我曾听说，一所美国高校仅在三角函数部分就要求学生记住90多个公式或结论。我们的情况还没有糟到这个地步。实际上，在三角函数方面，我们已经接近勾画初级数学课程的理想。

第四个阶段可以介绍解析几何。学习代数的图表时，我们已经采用了解析几何的一些基本概念，现在只需要一个经过严格筛选的用方程式来表示有关直线、圆、三种类型圆锥曲线的课程。这里需要给出两点提醒。第一点提醒是，可以给学生提供一些我们没有证明的数学知识。例如，在坐标几何学中，化简一般的二次方程可能已经超出了我们所考虑的大部分学生的能力范围，但这并不妨碍我们在详尽地学习这些曲线的各种可能类型时，解释圆锥曲线的基本位置。

第二点提醒是，主张不要把“几何圆锥曲线”作为一门独立的学科。当然，在适当的情况下，对一些简单的图形进行直接推导能够对解析几何的分析有所启发。但是，几何圆锥曲线是从用焦点和准线性质界定的圆锥曲线部分发展而来的，它的缺陷十分明显。它的深奥性无法解决。圆锥曲线的基本定义是 $SP = e. PM$，通常就出现在这个阶段的这门课程中。这个定义非常不合适，它太深奥了，而且没有明显的价值。到底为什么要研究这类曲线，而且研究得比其他数目不确定的公式还要多？但当我们开始研究笛卡尔方法时，自然要先考虑一次方程和二次方程的内容。

在理想的几何课程中，第五个阶段就是学习射影几何学原理。在这里，交叉比率和射影的一般概念是基础。射影是一个更常见的例子，呈现了我们在全等和相似的部分学习过的一一对应关系。同样，在这里也要避免陷入令人迷惑的大量细节之中。

射影几何学要阐明的智力概念，即相关性推导的重要价值，这种相关性存在于所有能够被证明具有普遍的、确定的相似特性的案例中。这个学科中，保留了射影图形的投射特性，这是重要的教育思想。交叉比率部分，就可以只保留基础的测量特性。我们考虑选择极少的几个命题，来说明通过这个步骤有可能实现的两个相关联的方法。一个方法是简化证明。在此，简化是一个心理学概念而非逻辑学概念——因为一般的例子在逻辑上是最简单的。也就是说，通过运用我们最熟悉的例子或最容易想明白的例子来证明。另一个方法是从已知的一般真理推导出特殊的例子。只要我们获得发现特殊例子的工具或检测它们的标准，就能实现这一点。

圆锥曲线部分的投射定义，以及用一般二次方程曲线证明的结果的一致性，都是可以简单阐述的内容，但是，它们都属于这个学科的边缘内容。这类知识可以作为信息提供给学生，但证明需要完全废止。

综上，我们设想的几何课程，从其最理想的状态来看——理想可能永远无法实现——篇幅不长。每个阶段以书本知识形式出现的实际数学推导内容是很少的。但是，要给予更多的解释，通过例子来阐释每一个命题的意义，无论是直接提供还是让学生思考的，都要精心选择，以指明其所适用的思维领域。通过这样一门课程的学习，学生可以学会分析主要的空间特性和掌握探究空间特性的主要方法。

按照这种思路来设计数学原理的学习课程，既可以实现逻辑方法的训练，也可以让学生掌握一些精确的概念。这些概念是对宇宙进行科学探究和哲学探究的基础。那么，继续进行这一代教师已经实现的优秀的数学教学改革，顺势在数学课程中加入更广泛、更有哲学意味的思想，是不是会简单一些？坦白地说，我认为仅凭个人的努力是很难做到这一点的。原因我已经简要地说明了，所有的教育改革要想达成所愿，都是很难的。但是，如果这个理想已经存在于大部分教师的头脑中，那么大家共同努力所造成的持续压力就能够起到巨大的作用，并且最终获得惊人的改变。慢慢地，必备的书籍被编写出来；慢慢地，考试也将得到改革，以弱化对这门学科的技术性要求。近期所有的经验都表明，大部分教师都将迫不及待地迎接所有能够让数学学科从机械训练中解放出来的可行性策略。

第七章　大学及其功能

一

当今时代，大学的扩张已经成为社会生活的一个显著特征。所有国家都融入这场运动中，其中尤以美国为甚，美国也因此占据了荣誉的地位。但是，好运带来的礼物也有可能变成压倒性的打击。大学在机构数量、规模、内部组织复杂程度方面的急速增长，其实已经暴露出某种危险。因为大学应服务于国家的基本功能并没有获得广泛的理解，所以大学用途的来源就可能遭到摧毁。这些论述意味着，我们有必要重新思考大学的功能，这适用于所有比较发达的国家。尤其适用于美国，因为这个国家已经在发展中保持领先，在明智的引导下，这种发展可能会是人类文明向前迈出的最幸运的一步。

在任何一所大学里，不同部门的具体问题肯定数不胜数，但本文只讨论最一般的原则。不过，一般性原则也需要例证，所以我选择以大学的商学院为例进行分析。之所以做出这样的选择，是因为商学院代表了大学运动中比较新的发展趋势，同时，它与现代国家的社会主流活动息息相关。因此，商学院是向我们呈现大学的活动如何影响国民生活方式的绝佳例子。在我有幸任教的哈佛大学里，一所气势恢宏的商学院的地基已经快竣工了。

在世界一流大学中建立这样一所规模庞大的培训学校，具有一定的创新意义。它标志着过去多年来，美国各个大学引入类似学院的一场运动达到高潮。在大学领域内，这是一个新生事物，仅仅靠它，就能表明人们对大学教育的目标以及这种目标对社会有机体的福利有何重要价值的一些反思。

我们不能夸大商学院的新颖性。大学教育从来没有被局限于纯粹抽象的学习。意大利的萨勒诺大学是欧洲最古老的大学，它致力于医学教育。在英国，剑桥大学于1316年成立了一所目标独特的学院，专门培养“为国王服务的职员”。大学已经培养了神职人员、医生、律师和工程师等。如今，商业是一项高度智能化的行业，所以它完全可以进入这个行列。但是，还是有与众不同之处：适宜商学院的课程、多种不同的教育活动模式，都还处于试验阶段。因此，结合这些学校的办学模式，重新考虑一般原则，就显得特别重要了。不过，如果说我要开始考虑任何细节问题，或者开始讨论影响整个训练的平衡的各类政策，那我也只是在做推测。因为我没有掌握这方面的专业知识，所以也没有办法提供建议。

二

大学是教育机构，也是研究机构。但是，大学之所以存在的主要原因，既不是单纯向学生传递知识，也不是单纯向教职员工提供研究机会。

教育和研究，这两种功能完全可以通过更经济的方式来实现，不需要依靠大学这种昂贵的教育机构。书籍很便宜，学徒制也已经得到了广泛的理解。如果只是单纯涉及信息传递，在15世纪印刷术普及之前，没有一所大学有存在的理由。但是，在印刷术普及之后，成立大学的主要推动力就产生了，近代这种动力日益增长。

大学存在的理由是，它将年轻人和老年人联合在充满想象力的学术探索中，保留了知识与生活热情之间的联系。大学传递信息，但它是以极富想象力的方式来传递的。至少，这是大学对社会应起的作用。一所大学，如果不能充满想象力地传递知识，那么也就没有存在的必要了。富有想象力的思考，催生令人兴奋的氛围，进而促进知识的转变。事实不再是简单直白的事实，它被赋予了各种可能性。事实也不再是记忆的负担，它就像我们梦境中的诗人、构筑目标的建筑师一样活跃。

想象不能与事实脱离：它是阐明事实的方式。如果存在想象，那么它将这样发挥作用：总结适用于事实的一般原则，然后对符合这些原则的各种可能性进行理智的考察。它让人们得以建构对新世界的明智认识，又通过提供令人满意的目标而保留生活的热情。

年轻人充满了想象力，如果这种想象力能够在训练中得到强化，那么，大部分想象的力量都能在今后的人生中保留下来。世间的悲剧却是：有想象力的人，经验匮乏；有经验的人，想象力贫乏。愚人不谈知识，只凭想象力行事；学究缺乏想象，仅靠知识做事。所以，大学的任务就是把想象与经验完美地结合起来。

在学生朝气蓬勃的时期，开展最初的想象力训练，不必要求对直接行为负责。要形成不偏不倚的思维习惯，学生才能依据一般原则识别由此衍生的完美的各种范例。但是，如果把记忆具体的组织当作日常任务，学生就无法形成这种习惯。你必须自由地思考，无论对错，必须自由地欣赏未被危险因素干扰的宇宙的变化。

这种对大学的一般功能进行的反思，可以立即用商学院的特殊功能来阐释。我们也不必不敢承认，这类学校的主要功能是培养对商业充满极高热情的人。如果以为生活的热情是直接以狭隘的物质享受为目的，那么无疑是对人类天性的恶意中伤。人类通过具有先驱性的直觉和其他成百上千种方式证明了这种观点的虚妄与荒谬。

在现代复杂的社会组织中，生活的探险不能与智力的探险相分离。在相对简单的环境中，先驱们可以跟随自己本能的强烈欲望，直接奔向在山峦之巅看到的风景。但是，在现代复杂的商业组织中，成功地进行重组之前，必须先进行一系列的分析和想象力重构等智力方面的探险。在过去比较简单的世界里，商业关系也相对简单，它的基础就是人与人之间的直接联系、所有相关的物质环境的面对面比较。如今，商业组织需要富有想象力地捕捉不同职业人群的心理，这些人不仅散布在各个城市、山区和平原，还散布在海边、矿区和林区。商业组织还要求富有想象力地了解热带和温带的生活条件。要求掌握各大商业组织之间盘根错节的利益链，把握整个复杂的系统如何回应其中某一个因素的变化。要富有想象力地理解政治经济的法律法规，不仅是理解抽象理论，还要能够在具体商业事务的独特背景下解释这些法律法规。需要掌握政府的习惯性做法，了解这些习惯性做法在不同条件下的变化。需要富有想象力地看待任何一种人类组织的联合力，需要充满同情心地看待人类本性的缺陷，看待能够唤起忠诚服务的条件。需要掌握与健康规律、疲劳定律，以及与维持持久耐力的条件有关的知识。需要富有想象力地理解工厂条件产生的社会效应。需要充分地理解在现代社会中运用科学的意义。需要训练一种能够对他人说“是”和“不”的原则，不是因为盲目的固执，而是在清醒地权衡各种相关的可供选择的方案后坚定的表态。

大学已经培养了文明社会中知识分子的先锋人物——神职人员、律师、政治家、医生、科学家和作家。这些人带来了人类的理想，而这些理想指引着人类直面各个时代中的困惑与难题。清教徒的先辈离开英国，创立符合他们宗教信仰的社会制度；他们早期的行动之一就是在剑桥地区建立了哈佛大学——借用英国最古老的理想学府之名，将这个城市命名为“剑桥”，而他们中有很多人是在那里接受了教育。现在，商业活动的开展，也需要充满智慧的想象力，这种想象力在过去主要体现在其他职业中。大学就是能提供智慧进而对欧洲民族的不断发展做出贡献的组织。

在中世纪早期，大学的起源模糊不清，也几乎被忽略了。它们只是渐进地、自然地发展着。但是，正是因为有大学的存在，欧洲才会在许多活动领域中都发生了持续的、迅速的进步。在大学这个媒介的作用下，行动探险与思想探险才互相结合。这种组织的成功不可能提前预知。即便是现在，人类事物仍然不够完美，大学究竟如何成功发挥作用，还是令人费解。当然，大学的作用中也有很多失败的地方。但是，如果宏观地看待历史，就会发现大学的成功是不同寻常的，而且几乎都是相同的。意大利、法国、德国、荷兰、苏格兰、英国、美国的文化历史都见证了大学所产生的巨大影响。所谓的“文化历史”，我指的并不是那些学者的人生，而是那些在法国、德国和其他国家历史上留下人类成就印记的人们，加上他们展现出来的生活热情，为我们的爱国精神奠定了基础。我们非常愿意成为这样的社会中的一员。

有一种巨大的困难，将会妨碍人类从事更高级的活动。在现代社会，这种困难甚至可能会演变成某种不幸。在任何一个大型机构中，年轻人，往往是职场新手，必须完成的工作通常需要服从命令并承担固定的责任。没有任何一家大型公司的总裁会在办公室面见公司最年轻的员工，并且为他提供整个公司中最重要的工作。年轻人都被要求按照固定的程序来完成工作，只是偶尔在进出公司时，能与总裁打个照面而已。这样的工作是一种很好的训练。它能传授知识，能塑造可靠的性格品质，也是年轻人在新入职阶段唯一能胜任的工作，是他们被雇佣的理由。这种符合惯例的做法似乎不会有批评的声音，但是它可能会造成一种非常不幸的结果——长时间的常规工作令想象力变得迟钝。

这样做的结果就是，职业生涯后期所必备的一些品质，在早期就被消磨殆尽。这只是普遍事实中的一个例子而已，必要的高超技艺只能在训练中获得，但这种训练却在破坏指导技术成熟的思想活力。这就是教育中的关键事实，也是教育面临诸多难题的原因。

大学应该发挥其功能，帮助学生为从事需要智力活动的职业做好准备，例如现代商业或其他更古老的某种职业。为了实现这个目的，大学应该促进学生充满想象力地思考构成某种职业基础的一般原理。这样，学生就能在练习如何将细节与一般原理结合起来的前提下，带着想象力迈入技术学徒期。于是，常规的工作有了自身的意义，也反过来阐明赋予其意义的原理。所以，接受了适当训练的人，有可能从琐碎的事实细节和必要的行为习惯中获得想象力，而不是重复着由盲目的经验所带来的单调的工作。

因此，大学的恰当功能是富有想象力地汲取知识。除了想象力的重要性之外，没有其他任何理由可以解释这个问题：从事商业以及其他职业的人不能一点一点地收集事实，以备特定场合之需。一所大学，如果没有想象力，那就什么也不是——至少，没有任何用处。

三

想象力会传染，会蔓延。我们不能先测量它的长度、称完它的重量后，再由教师传递给学生。它只能由那些能够做到充满想象力地学习的老师来进行传播。这样说，我只是在重复过去古老的言论。两千多年前，祖先们就已经把学习比作代代相传的火炬。那明亮的火炬就是我所说的想象。大学组织的一切艺术就在于组建一支教师队伍，这些教师能够用想象力点燃学问。大学教育问题的重中之重就在于此。如今的大学中，学生数量和活动种类都在迅速扩张——我们恰恰对此感到十分骄傲，然而，一旦我们掉以轻心，大学教育就可能会错误地处理与想象力有关的问题，进而无法获得应有的结果。

将想象力与学习融合，通常需要有一些空余时间，有摆脱束缚后的自由，无须担忧烦恼，有积累多种不同的经历，还需要从想法不同、能力不同的人们那里获得一些启发。当然还需要好奇心的激发，需要有取得知识进步、获得成就的自豪感及由此而来的自信心。想象力的获得不可能一劳永逸，然后无限期地保存在冰箱里，定期按量取用。博学而充满想象力的人生是一种生活方式，而不是商品。

一名优秀的大学教师应该具备并利用上述条件，考虑到这一点，大学的研究功能和教育功能确实可以互相融合。你希望教师更有想象力吗？那么，鼓励他们做研究吧。你希望研究人员更有想象力吗？那么，把他们带到年轻学生的智力热情中去吧，学生正处于最热切、最有想象力的人生阶段，此时，他们刚开始接受成熟期训练。让研究人员向年轻活跃、可塑性极强、等待整个世界在面前铺陈开来的学生们阐释自己的思想吧；让年轻的学生接触有天赋和智力探险经验的研究人员，从而圆满地度过智力获取时期。教育，是为了踏上生命探索的训练；研究，是一种智力的探险；大学，应该成为所有人分享探险之旅的理想去处。对成功的教育而言，传授的知识必须有一定的更新。要么是知识本身的更新，要么是知识在新的世界、新的时代的新应用。知识并不比鱼更容易保鲜。或许，你面对的是陈旧的知识，伴随着古老的真理；但是，在把这些知识传递给学生时，应该想方设法地使知识保有对现实的意义，就像刚从海里捕获的鱼一样新鲜。

学者的作用就是在寻常的生活中启发智慧和美，如果缺少学者的“魔力”，人们可能永远找不到智慧和美。社会是否进步，取决于是否包含了三类群体——学者、发现者和发明者。社会的进步，也依赖一个事实：受过良好教育的民众，由同时具有一点学问、些许发现能力、发明能力的人组成。在这里，“发现”和“发明”都意味着知识的进步，只不过“发现”涉及的知识与高度概括化的真理有关；“发明”涉及的知识与根据现实需要以特定方式运用一般原理有关。很明显，这三类群体是互相融合的，而且从事实践工作的人，如果对社会的进步做出了贡献，那么就可以被称为“发明者”。但是，每一类群体也有功能和作用方面的局限，并且有其自身独特的需求。对一个国家而言，重要的是关乎社会进步的各个要素之间能够建立密切的联系，如此一来，研究可能影响市场，市场可能影响研究。大学，是融合各种进步活动并将其转化为有效的发展工具的主要机构。当然，还有其他机构也能做到这一点，但是，事实证明，今天的进步国家通常是大学教育空前繁荣的国家。

一定不能想当然地认为，单单用发表的论文和署名出版的著作就能衡量一所大学原创性思想的成果产出。人类的成果模式就如同其思想实质一样，富有个性。对思想极为丰富的一部分人而言，写作或源于写作的其他表达方式，似乎都是不可能完成的任务。在每一个大学教师群体中，你都会发现，有些才华横溢的教师并没有著作等身。他们的原创思想是在讲座中，在个人讨论中，通过与学生的直接交流而迸发出来的。这类老师能产生无限的影响力；然而，当他们的一代学生长眠地下之后，他们也就长眠在为人类做出贡献但未得到感谢的无数先人中。幸运的是，其中一位流芳百世——苏格拉底。

所以，如果用署名发表著作的情况来评估每一位教师的价值，那就大错特错了。如今，有一些陷入这个误区的倾向，我们必须坚决反对当局的态度，它将损害效益，对无私的热情也是极为不公的。

如果这些前提条件都考虑到了，那么评价大学教师总体教育效率的一种良好方式就是：作为一个整体，教师应该以出版发表的形式，呈现不同配额比例的对人类思想的贡献。这里，要用思想的价值分量来评判配额是否完成，而不是用作品的数量。

这就表明，对大学教师的管理不同于商业组织的管理。教师的公众看法以及对大学办学目的的热情，共同构成了能够确保大学办学水平的唯一且有效的保护措施。大学教师应该是一群学者，他们互相启发，能够自由地决定各自不同的活动。你可以提出一些形式上的规范要求，比如，要在给定的时间做讲座，教师和学生都得出席。但是，核心要旨却不受规章制度的制约。

这并不涉及公平对待教师的问题。雇佣一个人，让他在符合任何一种规定（如时间、薪水要求）的条件下，提供符合规定的服务，这完全是公正的。除非自己愿意，否则，没有人必须接受某份差事。

唯一的问题是：什么样的条件才能培养出令整个大学成功运转的一批大学教师？可怕的是，非常容易培养出一群完全不合适的大学教师——一群高效率的书呆子和蠢材。只有在大学已经毁了一批又一批年轻人的前途之后，大众才能够发现教师之间水平的差别。

只有当最高当局进行独特的管束，记住不能按照适用于寻常商业公司的政策规定来管理大学，伟大的民主国家的现代大学体制才有可能获得成功。商学院也属于大学，不能被排除在这条规律之外。关于这一点，有许多美国大学的校长近来都已经发表了很多看法，我再没有什么需要补充的了。但是，无论是在美国还是在其他国家，公众中有影响力的那部分人是否能遵从他们的建议，就不得而知了。在教育方面，一所大学的全部目标，就是让年轻人从一群富有想象力的学者那里获得智力上的影响。正如经验所显示的，我们必须适当地关注能够产生这群学者所需要的前提条件。

四

从历史和名誉来看，欧洲有两所顶尖的一流大学——巴黎大学和牛津大学。我更了解自己祖国的那一所大学，因此就来谈谈它吧。牛津大学或许在很多方面都有不足。但是，多年来它仍一直保留着一种超然的价值，在这个价值面前，一切失败都变得微不足道，那就是：几个世纪以来，在它诞生以后的漫长岁月里，牛津大学培养了一批又一批充满想象力的学者。仅因为这一点，任何一个热爱文化的人都会情不自禁地想起它。

我还是有必要再举一个大洋彼岸的例子。《独立宣言》（*Declaration of Independence*）的作者杰弗逊先生可谓是最伟大的美国人。他在各方面取得的杰出成就，足以令他跻身为数不多的历史伟人之列。他创办了一所大学，并且发挥了自己多元天赋中的某个方面，让大学置于能够激发想象力的情境中——美观的建筑物、优美的环境，以及其他具有启发性的设备和组织。

美国还有很多其他的大学能够表明我的观点，但我最后要举的例子是哈佛大学——清教徒运动时期的代表性大学。十七和十八世纪，美国的英国清教徒可以说是最富有想象力的人，他们外在的表现比较克制，害怕人体美的象征，但是，他们也经受着智慧想象所带来的精神真理的折磨。那个年代，信奉清教的大学教师也必定很有想象力，他们培养了许多誉满全球的伟大人物。后来，清教变得相对柔和了，在新英格兰的文学黄金时代，爱默生[①]、罗威尔[②]和朗费罗[③]在哈佛大学获得了自己标志性的成就。现代科学时代随之而来，我们又一次在哈佛大学发现了典型的富有想象力的学者代表：威廉·詹姆斯。

今天，商业进入了哈佛大学，而这所大学要赠予的礼物是古老的想象力，这是代代传递的明亮的火炬。这是一份危险的礼物，它可能引起熊熊大火。如果我们面对危险时胆小退缩，那还不如关闭大学。想象力是一份天赋，它常常和伟大的商业人才联系在一起——例如在希腊、佛罗伦萨、威尼斯，还有荷兰的学术和英国的诗歌，都是这样。商业与想象力，一荣俱荣，一损俱损。想象力是一份他们国家所有人都要祈求的馈赠，这样，国家才能重现雅典时期的繁荣——

她的公民，帝国的精神，
从过去统治至今。[④]

对美国的教育而言，这只是最低限度的理想。

---

① 拉尔夫·沃尔多·爱默生（Ralph Waldo Emerson，1803年～1882年）：美国思想家、文学家，诗人。爱默生是确立美国文化精神的代表人物。美国前总统林肯称他为“美国的孔子”“美国文明之父”。——译者注

② 帕西瓦尔·罗伦斯·罗威尔（Percival Lawrence Lowell，1855年～1916年）：美国天文学家、商人、作家与数学家。1876年以优异的成绩毕业于哈佛大学。——译者注

③ 亨利·沃兹沃斯·朗费罗（Henry Wadsworth Longfellow，1807年～1882年）：美国诗人、翻译家。他在英格兰的声誉与丁尼生并驾齐驱。人们将他的半身像安放在威斯敏斯特教堂的“诗人角”，在美国作家中他是第一个获此殊荣的人。——译者注

④ 原文：Her citizens，imperial spirits，Rule the present from the past. 引自英国诗人雪莱1821年创作的诗剧《希腊》（*Hellas*）。——译者注

译者后记

“你为什么学历史?”

“因为考试要考呀!”

课堂上，学生这样的回答本无可厚非，却令我一时间无言以对。

教育的目的，仅此而已吗?

早在二十世纪初期，著名的数学家、哲学家、教育家怀特海就已经对这个问题进行了深入的思考。他一边批判学校教育灌输给学生僵化的知识、呆板的思想，一边疾呼教育应当带给学生整体感与融合感，并同时传授精心挑选的专业知识。他甚至谈到，任何一所学校，如果只对学生进行狭隘的应试教育，那么，相伴而生的必定是痛苦的消亡!

翻译本书的过程，也是学习与思考的过程，其间，我反复地问自己：教育的目的应该是什么？为了在这个发展节奏越来越快的社会生存、发展，今天的孩子应该从教育中汲取什么？一定不是存在于昨日的那些零碎、割裂、孤立的知识。教育，应该让孩子掌握运用知识的艺术。

除了教育的核心目的之外，怀特海也谈到了教育的节奏问题。他还以“二次方程教学”为例告诉大家，思想绝不是等待各类教学活动来打磨的利器，它是活动的、精巧的、敏感的，必须在当下、立刻、马上得到练习…… 种种理念，在今天看来，仍然极富先进性和前瞻性。

所以，偶尔停下来，在这样充满教育智慧的书中徜徉，我们也一定能拨开繁杂的教学现象迷雾，找到教育最本质问题的答案。

怀特海的思想深邃、语言精准简练，尽管我在翻译时花费大量的时间琢磨，但仍有许多晦涩的表述，敬请各位读者批评指正！

杨彦捷

2018年1月